これは、西堀流創造的生き方のおはなしです。

新装版

石橋を叩けば渡れない。

書いた人
西堀栄三郎

生産性出版

石橋を叩けば渡れない［新装版］——目次

石橋を叩けば渡れない

五分の虫にも一寸の魂（抄）

装幀　小田桐昭

石橋を叩けば渡れない。

若いころの夢はいつか実現する

忘れもしない、私が十一歳のとき、白瀬中尉が南極から帰ってこられて、活動写真と称するものを見せてくれました。

それには、ペンギンという珍しい鳥が出てくるし、大きな氷山というか、シェルフ・アイス――台状氷山――が映っています。飛行機はなかった時代ですから、全部地上から写したものですが、実に雄大な景色で、子供ながらに心を打たれたのでしょう、いつかチャンスがあったら南極へ行ってみたいなあ、という気持を持ったわけです。

こうした志というか、願いというか、夢というか、そういうものを持っていると、いつか実現の道が開けてきます。人間は生きていくうちに、必ずどこか分かれ道に行き当たるものですが、そのとき、夢とか志があると、ついそっちの方を選び、チャンスをつかむことになるのです。

私が、アメリカに留学していたとき、土曜、日曜の休日に何をして過ごそうかと考え、

「そうだ、南極へ行ったことのある人を訪問してやろう」と思いつきました。アメリカにはバードさんなどと一緒に南極に行ったことのある人がいますから、その人たちに会ってみようと思ったのです。

これが一つの分かれ道といえますが——その人たちに会ってみると、とても親切で、いままで何年間もつきあってきたようです。全く人種を越え、歴史を越えて、私たちは大変親しくなりました。その中には、犬ひきがいる、コックさんがいる。そういう人たちは〝偉い人〟ではありませんから、南極のことで訪ねられることもないのに、日本からわざわざ訪ねて来てくれたというので、とても喜んでくれ、親しく接することができました。

また、古本屋へ行っても、まるで心の奥底から指図でもあるかのように、フッと手が南極の本をとっています。それらの本をたくさん買い込んで、日本へ帰ってきました。当時は飛行機でなく船でしたから、荷物は多くても運賃はあまりかかりません。

持って帰った本はたくさんあるので、そう簡単には読めないのですが、幸か不幸か戦争（第二次世界大戦）が始まり、ほかに読む本がなくなったので、読むといえば南極の本ということになってしまったのです。

当時、私は、南極へなど行けるとは考えていませんでした。しかし、手の届かない高嶺の花かもしれないが、そのことを思っているということは、心のささえでもありますし、それが励みになっていく。夢というものはそういうものではないでしょうか。

私が十一歳で志を立ててから、四十何年ぶりかで、南極の話がパッと出てきました。もうそのときは、私は五十三歳になっていました。会社でいえば定年も間近です。そんなじいが、いまさら南極へ行けるとも思っていませんでしたが、せめて若い人たちが行かれるのに、少しでもお手伝いしたいものだ、くらいの気持だったのです。

さて突っ込んで話しあってみると、南極のことを知っとるのかいなと思われるような人たちばかりで、ああでもないこうでもないといっている。私はつい出しゃばってしまって、だんだん深みに入ったのでしょう。自分の心の奥底に、またムラムラと出てくるものがあるものですから、それに抵抗することができず、ついに南極に行くことになってしまいました。

ふりかえってみると、人間の運命とはどういうものなのだろうか、運命を切り開くということはいったいどういうことなのだろうか、志というものはどんなものであろうかということについて、私自身いろいろと教えられるところがありました。

とにかく、強い願いを持ち続けていれば、降ってわいたようにチャンスがやってくるものです。そのとき、取越し苦労などしないで、躊躇なく勇敢に実行を決心することです。

人間は経験を積むために生まれてきたんや

私は学生時代に、安い費用で、行けるだけ遠くへ行ってみようと思いました。

当時は、第一次世界大戦のあとで、ドイツが敗れ、日本が南洋のヤップとかサイパンとかを占領し、委任統治をしていました。そこへ行く船は政府の補助金で運航していたので、非常に安く、この船に乗ったままで、サイパンからヤップ、パラオ、アンガウルを回って帰ってくるのが、安くて遠くまで行ける旅だったわけです。

船にはいろんな人が乗っていました。南方視察をする陸軍の元帥から、サイパンに移民する沖縄の人たちまで。

よく、かわいい子には旅をさせよといいますが、そういう意味で、この旅は非常に楽しく、たくさんの経験をしました。ところがその帰り、小笠原入港直前に、東京にものすごい地震がおこり（注・大正十二年関東大震災）、東京全区が火災をおこしているという電信が入りました。横浜へついてみると、一面に焼け落ちた市街と死体の海です。

そのとき困ったことは、船の中に、サイパンから上智大学に留学しにきた現地の男の子五人と女の子三人がいたのです。何しろこんなありさまですから、上陸しても行くところがない。そこで私が「男の子は引き受けましょう」といったら、子供たちはとても喜びました。

こうして京都の家に連れて行き、一月あまり面倒をみました。世話はやけましたが、いい子たちでした。

世間の常識からすれば、出しゃばって、よけいなことをしたように思われるでしょうが、別に、私がそうしなければならない義務があったわけではありません。私は、若いころから、人間というものは経験を積むために生まれてきたのだ、という幼稚な人生観を持っています。だから、どんなつらいことであっても、それが自分の経験になると思ったら、貪欲にやってみるのです。どんなに人のいやがることでも、この考え方でいけば率先してやれるのです。

戦争中ですが、私のおいが、大学を出て、軍隊に入り出征するときも、私ははなむけとして、「人間はどうせ経験を積むために生まれてきたんやから、これから戦地へ行って、めずらしいことがいっぱいある。新しい経験がいっぱいできる。非常にうらやましい結構なこっちゃ」といってやりました。

彼、そのときは「勝手なことをいいおって」と思ったでしょうが、その後二年間、中国の北から南まで、テクテクと歩き続けた。靴は破れ、足から血が出ることがあっても、「これ経験積むために生まれてきたんやから」と思っていれば、けっこう楽しかった、と帰ってから、いっていました。

チャンスがあったら、イノシシと取っ組み合いもしてみたい。チャンスさえあったら、南極へも行ってみたい。チャンスがあったら、原子力船も作ってもみたい。どんなことにでも、自分でやろうという、意欲が出てきます。

勇気が自信に先行し、経験が勇気を作ります。

「ああ　そらよかったなあ」

仏教のほうで〝殺生〟という言葉があります。あるいはまた〝成仏〟という言葉があります。

私が昔、山へ登ったとき、カモシカがたくさんいるのです。その時分は禁猟になっていませんでしたので、手当たり次第に襲って、「とっても食いきれんから、もうとるな」とやめたのですが、それでも八頭ぐらいは獲りました。ずいぶん殺生したもんです。

ところが京都の家へ帰って、玄関へ入ったところ、ポコンポコンと木魚を叩く音がします。私の家は知恩院の宗派の信者なので、尼さんが来ていたのです。えらいときに帰ってきたなあと思いながら、「実は私はものすごい殺生してきたんやがなあ」といいますと、

「何してきなさった」と聞くから、

「カモシカをたくさん殺してしもうたんです」

「それをどうした」

「みんな食うてしまいました」

「おいしかったか」

「そらうまかったわ。はじめは肉ばかり食うてたけど、肉だけじゃすぐ飽きるんで、こんどはからだじゅう、臓物はもちろん、頭の先から足の先まで、みんな食うてしもうた。一番うまかったのは骨の髄で、はじめはそんなもん食わんつもりで、犬にみなやっとったが、いろいろ食うてみると骨の髄が一番や」

するると、その尼さんが、

「ああ、そらよかったなあ」

というんです。

「叱られると思ったのに……」といったら、

「あんた感謝してるんやろ」

「そらそうや、あれがなかったら、おなかはペコペコやし、ああいううまいもんが、世の中にあるとはこれまで知らなんだ。感謝している」

「それでいいんやで。あんた、その毛皮どないする」

「いまちょうどチッキで送らしてます。もうじきくるのや。みなに配ろうと思ってる」

「そらよかったなあ」

何をいっても、「そらよかったなあ」というから、たよりなくなってきまして、ちょうど、リュックサックの中に、カモシカの生首を脂紙に包んだのが入っていたので、それを尼さんの目の前に出してこれでもかと見せたんです。

ところが尼さんは
「あんた、それどうするつもりで持って帰ってきなさったんや」

「尼さん、カモシカなんて見たことないでしょう。だから、見せてあげようと思って持ってきたんや。あんただけやない。ほかの人にも、カモシカってこういう顔しとるんや、いうて、見せたろうと思って持ってきたんや」

というと、

「ああ、そらよかったなあ」

とまたやられてしまいました。しかも、尼さんは、

「そんなら、一人でも多くの人が、カモシカというのはどういうもんや、ということがわかるようにするために、あんた、それを剥製《はくせい》にしなさい」

この剥製は、いまも私の家の玄関にあります。そのときに尼さんは、こうもいうんです。

「あんたはもう自然の恵みを遺憾なく甘受して、その死んだカモシカの足の先までおいしかった、とさっきいうとったやろ。そうしたら、それは殺生ではない。そのカモシカは成仏しとる」

いらい、私はその話を、自分の心のささえにしています。私は決して自然を破壊しようとか、自然をどうしようとか考えているわけではありません。ただ、自然にせよ何にせよ、そこから人間が本当に恵みを受けたのなら、それに対する感謝の念をもって、ムダのないように、トコトンまでその恵みを受けるようにしたらいいのだと思っているわけです。

私は、日本山岳会の評議員ですが、何かというと人はすぐ、「富士山にケーブルカーをつけたらいかん」「発電所をつくったらいかん」というのです。

私は「つけたらええ」というのです。そのかわり、それは本当に恵みを受けるような気持、自然に人工の美を加えるような気持でやったらいい。

これが私の信条なのです。

子供がおもちゃで遊ぶようなもの

私は、京都大学を卒業してから、約十年大学に奉職し、俗に「象牙の塔」といわれるところにいました。

あるとき、大阪に住んでいる親戚が、ひょっこり大学の私の研究室にやってきました。

「お前は、ここで、いったい何をしているのだ」と聞くので、「研究しているのだ」と答えると、「それは儲かるか?」と、また聞きます。

儲かるわけはない。また、儲けようと思ってやったおぼえもない。もちろん、大阪の人間にしてみれば、「儲かりまっか?」ということは「お早う」とか「今日は」とかいう程度の、きわめて軽い気持でいったのでしょう。けれども、私にしてみると、これは相当ショッキングな質問でした。

「いや、ぼくは別に儲かると思ってやってはいない」

「それなら、お国のためになるのか」

「さあ、お国のためになると思って、やったおぼえもない」

「それなら、人類のためになるのか」

「いや、そうも思わない」

「それじゃお前は、どういう気持で、昼も夜も、三日も四日も夜通ししたりして、一生懸命研究しているのか」

「さあ、私にもようわからんけれど、何か心の中から、ムラムラと出てくるものがあって、その気持に動かされているようなもので、まあ、しいていうならば、子供がおもちゃで遊んでるようなものかな」

こういったら、その男はカンカンに怒って、けしからんというのです。私が叱られたのかと思ったら、そうじゃなくて、文部省というところはけしからん、というのです。

国立の大学に奉職している私の月給は、文部省からいただいておることになるのですが、「税金をとって、こんな大の男に、おもちゃをなぶらして遊ばせておくとは何事か」その男は、プンプン怒って帰ってしまいました。

私は、ははあそういうものかなと思って、非常に反省した次第です。

しかし、さらにまた、よく考えてみますと、人間が心の底からムラムラと湧き出てくる何ものかに駆り立てられて動くということは、非常に尊いことであって、これでこそ人間は本当に力が出てくるのだと思います。

私はこれこそ人間の本性——本能といいたいが何か動物みたいな気がするので、〝本性〟という言葉を使わしていただきます——だと思います。

人間というものは、探求心とでもいうか、そういうものが心の奥底にムラムラと出てきて、誰に命ぜられるということもなく、一生懸命になる。私の場合でも、研究して、それがいったい何のためになるのか、といわれたら、別にお国のためになるとも、人類のためになるとも思わず、とにかく夜通しまでしてやった。

これというはっきりした目的なり目標なりを持たなくても、人間というものは、そういう本性のために動くものであって、私は、この本性というものは、非常に尊いものだと思っている。ひとさまに迷惑をかけずに、人間が人間でありたいと思って行動することは尊いことだと思います。

はじめから役に立つ研究なんてあるだろうか

〝人間の力は、何かの目的とか、役に立つためにとかいうことと関係なく、心の底からムラムラと湧いてくるものだ〟というのは、私の持論ですが、そんな私だって、役に立つために研究しようと思い立ったこともあるのです。

大学の研究室では、役に立つことなど考えずに研究しておりましたが、こんどは、役に立つ——はじめからそういう目的を持った研究というものをしてみたいという気持が起きてきました。そうしたとき、たまたまマツダランプ（現在の東芝の前身）という会社で、私のような人間を必要とするといわれ、招かれて入社しました。

私は、そこで〝役に立つこと〟を目的とするいろいろな研究をしました。

さて、自分でいうのもおこがましいのですが、世界の電子工学の第一回の国際会議が催されたときに、ちょうどアメリカに留学を命ぜられていたものですから、ついでにそれに出席して自分の研究について講演をすることになりました。私は何の準備もしていませんでしたが、度胸をすえて、いわゆる素手で講演しました。四十五分間しゃべり、さらに四十五分討議にかけられました。これが非常なセンセーションをまき起こしたのです。

それは真空管に関する研究でしたが、世界の桧舞台で、しかも世界中の偉い先生方から称賛され、私としては大変うれしかったのです。

ここまではよかった。ところが、はるか日本のことを考えてみたとき、どうも喜んではかりいられない。というのは、この真空管の製造ということになると、不良品はたくさん出るし、私の研究が役立っているようには思えない。つまり、研究は研究、実際やっていることは実際やっていることで、いっこうに役に立っていない。役に立てようという目的で進めた研究ですが、やはり研究を役立たせるということになると、これは実際に役立たせる方の責任であって、研究した者の責任ではなさそうです。はじめから役に立つ研究なんてあり得ないのです。

たとえば、私がこの本で述べていることを、役立てられるかどうかは読者の皆さんの方であって、私ではないのです。私は自分の研究発表をここでしているようなものですが、これをお読みになって、お仕事のうえに何らかの参考にしていただくということであれば、非常に結構なことです。といって、その責任を私が負うわけにはいきません。

南極へ何のために行くんですか

私は、よく人から「南極へ何のために行くんですか」と聞かれました。

私たちが南極へ行って観測するのは、いままでの人類が知らなかったいろいろな現象や事実を知るためなのです。それがどういうふうに役に立つかは、私たちにとっては二の次なので、そのこと自体が楽しいし、そのこと自体に意味があるのです。つまり未知を開くということなんです。

これは何も南極に限ったことではありません。われわれの仕事の中には、未知の世界が必ずあるに決まっているのです。研究所の仕事でないと、そういうものがないような考え方をするのは、大変なまちがいなのです。すなわち、新しい知識のもとというものは、あらゆる場所に、いつでも、誰でもが見つけることができるようになっているはずです。ところが、ほとんどの人が、未知の世界への対応のしかた、あるいは、それの使い方を見つけることができない。

いかに未来学やコンピューターが発達しても、しょせん「一寸先は闇」なのです。

科学と技術とは全くちがう

最近は、まるで科学技術がすべての罪悪の根源になったようです。今日の公害も、みんなの気持がすさんでいるのも、何でもかんでも悪いことのもとを、科学のせいにしてしまっている人が少なくない。これはまちがっていると思います。そういう人は、科学と技術をごちゃまぜにして考えているんだ、と私はよくいうのです。

「科学と技術とは、全くちがうんだ」ということは、「知識を得ることが科学なのである」ということです。いい方をかえると、そもそも研究の中で、知識を求めるための研究はたくさんあるのです。こういうふうに科学を考えるときに、「もっと役に立つ研究をしろ」ということをよくいわれるのですけれども、もしそれが本当に科学のような知識を得ることの研究であると仮定したら、初めから役に立つ研究というものはないのです。もっといい方をかえますと、役に立たせれば、それは役に立った研究であり、立たせなければ、それは役に立たなかった研究だ、こういうことになるのです。そうすると、科学自身に価値があるのか、ないのか、そのことをはっきり認識しないものだから、南極々と血道をあげていたわれわれはしょっちゅうやっつけられました。「なんだい、国の金をたくさん使って、ペンギンと遊んできやがって、なにごとだ」というようなことになるのです。

そういう南極の科学が、いったいどこまで役に立ってるのかといわれたら、それは、まだ誰も役に立てておらんのですから、あれは役に立っておらんのでしょう。しかし、もし誰かが役に立てたら「ああ、あれは役に立った研究です」ということになるのだろうと思います。

けれども、人間が一度得た知識（科学）というものは、未来永劫消えることはない。これは人類の財産です。これを認めなければいけないのです。財産は使ってみて初めてその価値があるので、いくらそこにお札を積んでおいたって、積んだだけでは、お札には紙屑の値打ちしかないのです。それと同じことが、知識の問題にもあると思うのです。

知識を得ることが科学である、としますと、その知識を、何かの目的に使うことが技術なのです。

われわれの役に立つ、自分の生活が豊かになる、あるいは危険が減るとかいうことは、みんな技術を通じてのみできることなのです。つまり、科学で得た知識――またそのほかで得た知識もあるかもしれませんが――そういう知識を、われわれの生活に使えるように役立たせることが技術なのです。科学で知識を得た人と、その知識を使って人類の役に立たせた人とは、たとえそれを同じ人がやったとしても、それは別人格なのです。

終戦当時、私のところへ訪ねて来たアメリカの友人がありました。この人が私にいきなりいいました。

「ああ、おれは本当に悪いことをしたと思う」

「どうしてですか」

「おれは、原子爆弾のもとになることの研究をしていたのだ。だからおれは大変悪いことをしたと思う」

その人は大変謙遜していて、それはえらいと思いますけれども、私はこういいました。

「あなたに責任はないんですよ。あなたは、ただ知識をそこでつくっただけのことで、その知識をどう使うかということは、その目的に応じて使うのだから、それを平和利用に使えばいいんだし、戦争目的で原爆みたいなものをこしらえたということは、技術の責任で、あなたの責任ではない」

するとその人は、

「自分もそう思う。しかし、自分がもし何も発見しなかったら、その技術も使えなかっただろう。そうしたら原爆もできなかったろう」こういういい方をするのです。

私はそうは思いません。科学者はどんな知識を得てきても、それ自身責任はないと思います。ただそれをどういうふうに役立たせたかという、いわゆる技術の問題があるのです。

よく科学には国境はないといいます。たしかに、私も、国境なんかありっこないし、またあってはならないと思います。

しかし、技術となりますと、これは一つの目的をはっきり持っているのですから、その目的自身の結びつきにおいて、それは、国の秘密であってみたり、会社の秘密であってみたりするということは、当然あり得ることなのです。

科学と技術とは全くちがう。この区別をはっきりしておきたいと思います。

知識は一度獲得したら人類の財産として永遠に残る

何度もいうように、私は、役に立つ知識とか研究などというものは、初めからありっこないと考えているのです。その研究なり、経験なり、知識なりを、役に立たせたから役に立つのであり、役に立たせられなかったから、役に立たなかっただけのことです。

それを初めから「おい、もっと役に立つ研究をしなければだめだぞ」などということ自体、私はまちがいだと思っています。つまり、その知識を誰が発見しようと、他の人々が、その人の知識を、人間の生活にどう結びつけたらいいかを、ぜひ考えていただきたいのです。それはみんなで、誰も彼もが、それぞれの知識を役に立たせるようにするということです。

たとえば、月の世界にロケットを飛ばして月の裏側の写真を撮ってきた。あれはいったい、何の価値があるんだといわれることがよくあります。

実は、月の裏側はでっぱっているのだろうと考えている人がありました。月はいつでも遠心力でまわっていて、裏側、つまり外側は外へ外へと引っ張られるような格好になっているから、そのために、月の裏側はでっぱって、表側は少し平べったくなっているのではなかろうかと想像していたわけです。

しかし、ソ連のロケットが月の裏側をグルッとまわって、写真を撮ってきたのを見ると、でっぱっていませんでした。裏側にも表側と同じようにアバタがいっぱいありました。もうこれで、誰ひとり、月の裏側がでっぱっているとか、ツルツルだとかいう人はいなくなりました。

一度、人類の得た、そういう知識は、二度と再び消えないわけです。つまり、知識というものは、一度獲得したら、人類の財産として永遠に残るものなのです。それを後世の誰かが、役に立たせるか、役に立たせないかは、それは別の問題です。

この人類の獲得した財産というものは、――ちょっと〝理学博士〟にあらざるいい方になりますが――私は、神に近いと思うのです。私たちが宇宙を知る。その知るということが、神に接近する一つの道であると、――トインビーにいわせれば、それは「愛する」ということになるかもしれません。

私もそう思います。

月面の話からカネ儲け

人間が獲得した知識を、人間がどう役立てるか、ということについてこんな話がありま
す。

例のアポロ計画が進んでいたときに、月にサーベイヤーが降りたらどうなるだろうかと、私たちの仲間で議論をしたことがあるのです。

私が南極に行っていたときに実験したことなのですが、顕微鏡の下に使うプレパラートというガラスに頭髪用のポマードを塗って、大気中に二十四時間さらしておきます。それを顕微鏡で見ると、その中にホコリみたいなものが数個、ちょぼちょぼとあるんです。南極ですから、都会のようなホコリなんて一つもありません。ですからそのホコリみたいなものは全部宇宙から直接飛んで来たものなのです。

針の先を磁石にして、顕微鏡の下で突っつくと、そのホコリみたいなものがピクピクと

動くのです。磁性を持っているわけです。明らかによそから飛んで来たものでした。それらは非常に微細な、数ミクロン（注・一ミクロンは千分の一ミリ）から数十ミクロンのものですが、こんなところに数個あるということは、地球全体にしてみたら莫大なものになります。一日に南極の昭和基地だけでそれだけ落ちて来るんですから、おそらく数百トンか、数千トンになるでしょう。しかも、それが何万年も落ちているとしたら。

月にも、おそらくそういうものが落ちているであろう。そこへサーベイヤーが降りていったら、灰の中に降りていくようなものだ。逆噴射したら、あたり一面灰かぐらになるだろう。やっとそこへ降りたとしても、ボコボコッと沈んでしまうだろう——私たちはそんな話をしていたわけです。

ところが、実際にサーベイヤーが降りてみたら、いっこうに灰かぐらは立たないし、足跡がやっとつくかつかないかくらいに堅かった。

これはいったいどういうわけなのだろう?

飛んで来る宇宙のホコリ、それが非常なエネルギーを持ってビューッと飛んでくるから、着くなりカチンと固まってしまうのではないか。しかし、計算してみると、とうていそんなことでは固まりそうにない。

そうすると、ホコリが積もったあとで、何かしらのエネルギーが与えられて、固められたと考えるしかしようがない。たぶんそれは、＋《プラス》イオン、－《マイナス》イオン、あるいはエレクトロン（電子）、そういうものが絶えず月面にあたって固めたんだろう。これなら話はわかると話しあったのです。

そうしたら、私の友人が「うん、これはおもしろい」といって、さっそくその知識を応用して放電加工法を発明し、特許をとった。その特許を日本の会社へ売りに行ったのですが、残念ながら買わなかったので、やむなくアメリカの会社へ売って、大金をふところへ入れました。

つまり、この人は、月へサーベイヤーが行って、そういう報告をしたという、その新知識を役に立たせたわけです。ここが非常に大事なところです。誰もやっていないのに、彼がやったということ。月がそんな状態にあるということは、地球上ですでにずいぶんたくさんの人が知っていたわけです。けれども、そういう知識を役立てて、大金を儲けたのは、この男ただ一人だけであったのです。

逆にいえば、そういうものでも、役に立たせれば、役に立つということです。

キノコは千人の股をくぐる

佐々木申二先生（京都大学名誉教授）から、「キノコは千人の股をくぐる」という言葉をうかがったことがあります。

キノコとは松茸のことです。一般の人は、松茸を探しに行っても、千人もの人が歩いたあとでは、もう見つからないだろうと考える。しかし、千一番目に行った人が「あっ、松茸があった」と松茸を拾うかもしれないという意味のことです。

月の世界へ行ったらこうなっている、ということは、いまはもう何億人もがすでに知っていることです。しかし何億人目の人間、私の友人がそれを役立たせて、カネを儲けたことは、前項でお話ししました。千人の人が歩いたあとでも、まだ松茸はあるのです。

みなさんの目の前には、新事実なるべきものがいっぱいあります。そこから新知識を得て、得た知識を自分自身、あるいは人のために役立たせ、社会に貢献できるような技術を確立していく。こう考えることが大事なのです。また、そういうことが可能なのです。

未知の世界を何とか知ろうとして、一生懸命になって探す。松茸がないかなと思って、一生懸命に探す。ほかの人が探しているから、もうないだろうと決めてかかるのではなくて、みなさんが毎日しておられる仕事の中から、一生懸命に探していくことが大切なのです。つまり、大事なのは研究的態度を持つということです。

その探し方の秘訣は何かというと、〝観察〟です。つまり、「変だぞ」と思うことがあったら、それを徹底的に究明することです。その場合、オレは学校を出ていないからだめだ、などと考える人があったら、それは大まちがいです。かえって学校を出た人は、理屈が先に立ってしまい、世の中が自分の考えたとおりにならないと、これはオレが悪いんじゃない、世の中が悪いんだなどと考えがちです。

ですから、学校を出たとか出なかったとかに関係なく、これはすべての人に与えられた特権として、身のまわりにあるいろんな現象を観察することです。

観察の仕方にもいろいろありますが、大事なことは、理屈をいわず、虚心坦懐に現象を眺めることです。

自分で先に絵を描いておいて、絵のとおりにならないと、これはウソだと考える。こういうのは、学校出の人に案外多いようです。だから、何にもとらわれないで、何か現象を見つけたら徹底的に究明し、それを社会に役立たせようとする意欲を持つこと。その意欲さえあれば、いくらでも新しいものが見つけられます。ことに、日本人は基礎的な知識をたくさん持っています。情報過多とさえいわれるくらい、誰もが知識のもとは持っているのですから、あとはその持てる知識を、使うか使わないかという意思の問題です。

外国で多くの金をかけて、たくさんの人が研究しているのだから、いまさらわれわれがいくらやってもだめだ。また、そんなよい考えだというものなら、とっくの昔に外国でやっているはずだ、などと考えるのはやめてほしいものです。

探検《たんけん》、冒険《ぼうけん》、危険《きけん》

私たちの南極へ行くことがいよいよ発表になったときに、私は「政府の堅苦しい融通のきかないお金では、とても探検という新しいことはできない。もっと融通のきく使いやすいお金を別にいただかなければ……」ということを申し上げたのです。当時、学術会議会長をしておられた茅さんは、「わかった。つまり民間から寄付を集め、その金はもう少し自由に使えるようにしたらいいんだな」ということで、さっそくみなさま方から寄付をいただくことになり、その世話を朝日新聞社がやることになった。朝日新聞の本社の表に、〝日本南極探検後援基金募集〟という大きな看板があがりました。ところが、それを見た文部省の方が、「〝探検〟は困る。〝観測〟でないと困る。〝南極観測後援基金募集〟としてもらわなければならん」といい出しました。

　探検なんてそういうあぶないことはいけない、観測じゃないとだめだというわけです。探検の〝検〟という字が、危険の〝険〟という字と、同じ発音であるため、〝探険〟はあぶないと、阝へんと木ヘンとをごっちゃにしているのです。全く意味がちがうのに、冒険はいかんというので、実に笑止なことですが、やはり日本人はそういう意味で、真の探検とは何ぞや、ということを知りません。探るということ、検《しら》べるということが大事なことなので、何も危険を冒したり、そんなことをする意味ではないことがわからないのです。

　私はいままで、新しいことをどんどんやってきました。山登りにしても、昔の、わらじをはき、金剛杖を持ち、着ござを着て山へ登った時代から、いわゆるモダン・アルピニズムとでもいいますか、新しいスキーをはき、靴にはクギを打って山に登る、その転換期を私は過ごしてきました。わかんじきからスキーまで、みなやってきたわけです。

その間、ほかの方から見れば、ずいぶんあいつむちゃをしやがるな、と思うようなことをしたかもしれないが、私自身はいつも非常に慎重にやってきました。あらゆる角度からものを考えていって、いささかも自分が危険を冒していると感じたことはないのです。

つまり、ご当人が慎重で、危険を冒していると思わなければ、それは何も冒険ではないのです。ほかから見て、いくらそれがあぶないと思ったところで、そんなのは勝手に思っているだけのことです。

軽業師の芸

高い高いところに綱を張って、その上を歩く軽業師がいます。下で見ている人に、ああ、あぶないと思わせながら悠然と歩いています。そこがいいところで、やっている人は何もそんなにあぶないと思っていやしません。平々坦々と、その辺の床面に引いてある線の上を歩いているのと同じような気持で歩いているのだろうと思うのです。

ときどきヒョッとすべってみせたりして気を持たせたりするのは、それはわざとすることで、やってる人はちっともあぶないと思っていないからそれであぶなくないのだ、と私は思います。ここが大事なところなのです。

平然としているから安全なのです。

最初というのは必ずいっぺんあります

南極へ行く前、自分が行くかどうかはまだわからなかったのですが、誰が行くにせよ、私は、最初の年から越冬することが必要だということを力説したのです。

すると、学術会議の先生方から、そんな無理なことはいかん。最初の年から越冬するとは何事だといって叱られました。「そんなことは自殺的行為であるからやめい」というわけです。

それで私はいいました。

「物事には、最初というものが必ずいっぺんはあります。その最初をやらなかったら、二度目はないのです。最初のないものというのはない、だから、それを私たちはやろうと考えているのです。私たちはじゅうぶんの自信を持ってやります。準備その他についても万全を期しています」

「新しいことは西堀にやらしておけ」

私は、この老人になるまでの間、実にいろいろなことをやってきました。考えてみるとほとんど十年ごとに仕事を変えてきています。その中で私としてただひとつ一貫しているものがあります。それは「新しいことは西堀にやらしておけ」とみんながいっていることです。新しいことのやり方というものについては、私がいささか心得ているようで、それを友人たちがいうのでしょう。

どうすれば新しいことがどういうふうにできていくか、という秘訣は、極端ないい方をすれば、探検的精神とでもいうべきものかと思います。

山登りをするのもひとつの探検ですし、南極もそうです。あるいは科学の勉強を進めていくのも、知識という未知の世界を切り開いていくことです。新しい原子力船をこしらえるということも、そういう新しい技術という世界を切り開いていくことになります。ともかくそういう新しいことをやるということは、ほとんどすべてが探検的精神である、というふうに私はいいたいのです。

〝未知〟ということ

私が南極のことを一番よく知っていることから、私に南極越冬の命令がくだったわけです。そうはいうものの、私の知識にしたところで、日本の中ではよく勉強しているというだけで、実はほんとにわずかなものです。

だから私たちは、ほとんど未知のところへ行く準備をしなければならない。さあ困りました。

建築の先生が
「越冬をするためには家がいるだろう。どんなところに建てるのだ?」

と問われるが、よくわからない。

「雪の上か?」

そうかもしれない。

「氷の上か?」

そうかもしれない。

「岩の上か?」

そうかもしれない。かもしれない。かもしれないばっかりです。

「風が吹くのか?」

「よくわからんが、一秒間に六十メートルぐらいの強い風が吹くかもしれん」

「寒さはどのくらいか?」

「マイナス六十度ぐらいになるのかもしれん」

「屋根の上に雪がどのくらい積もるのか?」

「よくわからんが、一メートルくらい積もるかもしれん」

「そんなむずかしい建築はやったことがない」

そのうえ私は、柱のない建物を注文しましたから、先生は非常に困りました。梁なんかもすごく丈夫なのを使い、熱が逃げないようにするために、断熱材のいっぱい入った壁や屋根をこしらえなければならない。

「いったい誰が運ぶのだ?」

「わたしらが運ぶ」

「誰がこれを組立てるんだ?」

「わたしらがやる」

「ああそうか。そんならバカでもアホでもやれるようにしとかにゃなるまい」

先生は、長い建築経験の中でも、こんな家は初めてだといっていました。


そのほかにも準備する品物が、何を持って行ったらいいものか、何を忘れたら困るのか、さっぱりわかりません。そこで自分でもやり、またみんなにも手伝ってもらいましたが、手分けしてデパートへ行き、これもいるな、あれもいるな、と手帳に書いてくることにしました。

そのとき驚いたことは、頭のいい男がおおぜいで調べに行ってくれたのに、私の帳面が一番こまかく書いてある。これはどうしてだろう、私の頭が一番いいのか？　そんなことはありません。若い人たちの方がずっと頭もいいし、元気もあります。ちがう点は、私が、忘れたら大変だという心が一番強かったわけです。ほかの人は私ほど責任感を持っていない、だから普通に見てくる。私は普通以上に見て、その裏の裏を考えて書かなければならない。いわゆる責任感というものがいかに大事かということをつくづく感じました。

そういうふうにして、ずいぶんいろんなものを集めました。自慢するようですが、あのとき南極に来ていた世界のどの隊に比べても、私のとこのが一番種類が多かった。量はそう多く持てませんが、種類だけは、何でもかでもみな持って行きました。金属なんかあらゆる種類のものを持って行きました。

そういうふうにしていよいよ出かけたわけですが、実際南極へ行ってみると、ほとんどの予想は外れました。とくに建物では、まず壁なんかは全然問題になりません。雪が全部埋めてしまうから、風は建物にあたらないのです。寒さも、昭和基地というところは非常に暖かいところです。嵐になればなるほど暖かい。マイナス四十度くらいです。そのくらいなら満州にでもあります。ただ南極では年がら年中温度が低いが、満州では昼は暖かくても晩だけ寒い。そこはちがいます。そしておもしろいことには、屋根の上には雪は一ミリも積もりません。一メートルも積もれば、ものすごい荷重がかかることになるのですが、一ミリも積もらない。気温が低すぎるから、雪に粘着性がなく、砂漠の砂と同じで、風が吹くと屋根の上の雪はみんなどこかへ飛んで行ってしまう。で、梁は必要ありませんでした。断熱材もあんなにたくさん入れる必要はありませんでした。

こんなのは良い方に予想が外れたのですが、悪い方にも外れました。

そのひとつは雪上車です。氷の上に水たまりができていて、その上に薄い氷が張っている。そこを雪上車が通ると、バリッと割れてジャボンとはまる。誰かが、「隊長、エンジンの油がだんだん増えてきます」というので、見ると、エンジンのオイルパンのところへ塩水、いや海水が入ってきている、それで油が上にあがったのでした。そのほかいろいろな問題がありました。

そして帰ってきたら、越冬中いったい「何がこわかったか」といろんな人に聞かれました。私は、いろんなことに出会いましたが、こわいと思ったことはありません。それでも何がこわいか、と無理にいうなら、まあ人間が一番こわい。しかし南極では私たちだけなんですからこわい人間はいない。そこで強いて何がこわいかと聞かれるなら、未知がこわい、と答えることになります。何もわからんということが一番こわい。明日の日にどんなことになるかわからない。どのくらいの嵐がくるのか、寒さがくるのか、何もわからない。そういう未知というものがこわい。まるでカレンダーなしで暮らすようなものです。

しかしそこで暮らして一年たってしまうと、もう全部といっていいほど、いろいろなことがわかります。

なるほど嵐になったら暖かくなるなあ、屋根の上には雪は積もらないなあ、といろいろなことがわかってきます。それがわからない間はすべてに用心しなければならない。だから物事をやるとき、第一回目と第二回目では大変なちがいがあるのです。しかし、二回目と三回目ではもうほとんどちがいはなくなります。

その証拠に、私たち第一回の越冬隊の連中は、家族と泣きの涙で別れてきました。生きて帰るか死んで帰るか、いや死んだら死骸さえ帰って来られんかもしれないのです。ワンワン泣きながら、別れました。

そういう第一回目の越冬隊員の別れにくらべて、二回目の人たちが別れるときは、はあ行ってきます、とまるでピクニックにでも行くような調子でした。一回目の人たちの不安や、悲壮さは、もう二回目の人たちにはありませんでした。

それほど、未知ということはこわいものです。

未知をどうマネージしていくか

最初と二度目とは、非常にちがいます。

初めての南極は、未知の世界でした。未知には恐怖がつきまとい、それは探検する心につながります。

たとえば、新しい企業を起こすなどというのも、この同じ過程に入るでしょう。自然を征服するというのではなく、自然の中の未知を解く、自然の恵みを受けるという態度が必要であり、このことは、これからの企業にもあてはまると思います。

この未知をどうマネージしていくかというところに価値があると思います。

未知の世界に向きあったときは、模倣から創造への転換がなされなければならないのです。

石橋を叩けば渡れない

何か新しいことをするときには、まずそれを、やるかやらないかを決めることが必要になってきます。その場合、まず事前にあらゆる角度からよく調査し、それからやるかやらないかを決めよう、というやり方をすることがあります。また、うまくいかずにしくじったり、あるいは何か具合が悪いことが起こったりすると、決心する前の調査が不十分だったからだといわれる。

新しいことには、リスク（危険）があるに決まっています。リスクというのは、危険ということだけではなくて、うまくいかないというリスク、不成功というリスクも入っています。危険ももちろんあり得ると思います。そこで、やるかやらないかを決心する前に十分調査しておかないからリスクがあるんだ、あるいは失敗があるんだ、とこういう考え方です。

しかし私は、そんな考え方ではとうてい新しいことはできないと思います。やるかやらないかを決心する前に、こまごまと調査すればするほど、やめておいた方がいいんじゃないかということになる。〝石橋を叩いて渡る〟とか〝渡らん〟とかいうけれども、石橋を完全に叩いてから、渡るか渡らんか決心しようなんて思っていたら、おそらく永久に石橋は渡らんことになるだろうと思います。

完全にリスクを防止できる調査なんて、できるはずがないのです。新しいことには、リスクがつきもので、だからこそ新しいのです。

やるかやらないかという決心は、調査などで決まるものではない。もっとほかから決めさせられていることが多いのです。そんなことをやればみすみす失敗するかに見えるような場合でも、どうしてもそれをやることに決心しなければならない場合もあるわけです。

むしろ新しいことをやる決心は、「知らぬが仏」などといわれるようなのがよいのです。

「宗谷」に乗って行くということは、ほかでちゃんと決まっていた

現実の世の中は、石橋を叩いて危いとわかっても、なおかつ渡らねばならないことが多いのです。

私たちが南極へ行くときに、「宗谷」に乗って行ったことは、ご存じだと思います。私は南極行きの準備をしているときに、この宗谷という船の青写真を持ってオーストラリアへ行きました。メルボルンにキャプテン・ディビスという船長がおり、この人は南極へ何べんも偉い学者を運んだ船長で、南極については最高のベテランです。

このキャプテン・ディビスに「宗谷」の青写真を見せたのです。「宗谷」は大きな船です。私は自慢のつもりで、こうして、こうなって、ああなっておりまして、鉄板の厚さはこれだけありまして……といって説明したら、彼は、「こんな船はいかん」というのです。

「お前は南極へどういうふうにして行くのか知らないらしい。南極へ行くのには二つのや

り方しかないのだ。ひとつは強力な砕氷船でバリバリ氷を割って、しゃにむに南へ南へ進んでいくというやり方がある。これは金がかかるので、ソビエトとかアメリカとかいう国しかやっていない。ほかの国はそんな金がないから、しかたなく千トンにも満たない船に乗って行き、氷の割れ目をチョロチョロと縫って進む。そして、これはいけないと思ったら、すばやく沖へ出て様子を見ている。また天気がよさそうならチョロチョロ帰ってくる。この二つのやり方がある。両極端のどちらかでないとだめなんだ。しかるに、この『宗谷』は氷を割る力もないくせに図体ばかり大きくて、こんなもので行ったら、機敏な行動がとれないために氷にはさまれ、一年間も帰れないようになってしまう」

これはえらいことになったと思って、さっそく日本へ飛んで帰って報告しました。ところが、そんなことといったってもうおそい。もう「宗谷」に乗っていくことにちゃんと決まっている。うそだと思うんなら、日本鋼管という会社でいま準備しているから見てきなさいという返事です。

見に行ったところが、フォアデッキといって、前の方のデッキのところを歩いているうちに、ダッと踏み破ってしまった。見たら鉄板が腐っているのです。「これは腐ってる」といったら、「アア、そこは直します」と、ほかは直さないようないい方です。

こうなると、いくら調査してそんなのだめだ、という答えが出ても、「宗谷」に乗って行くということは、ほかでもう、ちゃんと決まっている。物事というのは大体そういうものです。つまり、現実は、すべて他動的に決められていることが多いのです。だから、その前にやるかやらんかということをいくら調査しても、そんなことは大した意味はないのです。

われわれは「宗谷」に乗って行くということが〝運命〟で決まっていたのです。

さて、船はもう「宗谷」に決まっていたのですから、これは仕方がない。けれども、それならせめて氷の水先案内人（アイス・パイロット）として、南極に行った経験のある外国人に「宗谷」に乗ってもらおうと、アメリカへ捜しに行きました。そうしたら実に適任者が見つかりました。何べんも南極へ行っておりますし、まるで氷の中に住んでいるような人です。

その人に、

「あなた、ひとつ来ていただきたい」

「ああ喜んで行くよ」

「それなら一日いくらお礼を差し上げたらよろしいですか」

「礼はいらん、ケープタウンまでの飛行機代さえくれたら、あとはどうせ休暇のつもりで遊びに行くんだから、あっち側（昭和基地の側）のほうはまだ行ったことはないし、ちょうどいい」

「ただですか」

これはいい人が見つかったと思って、さっそく帰ってみなさんに相談したところが、いきなり海上保安庁からガチンとしかられました。

「あなたはわが国の海上保安庁を信頼なさらんのですか」

「いやいや、信頼しているんですけど、さらにもうひとつ安全性を高めるために」と、こういいましたら、

「いや、そういうものはなくてもご心配なく、だいじょうぶです」こういわれますと、もうそれ以上はいえません。せっかくいい人が見つかったと思ったのを、とうとう断ってしまったのです。


最善の状態というのはなかなか実現できないものです。

決心すれば方法は出てくる

船はだめ、アイス・パイロットはだめとなると、もうこのあとは覚悟しなくてはしようがない。

もしかしたら、一年間氷にはさまれて帰れないかもしれないというので、百三十人、一年分の食料品を船に積むように隊員に命じたわけです。といっても、どうせ米と味噌ぐらいしかないわけですが、それでもまあ一年間ぐらいは死なずにすむ程度になっています。

しかし、せめて酒だけは持たしてやりたいと私は思いました。それで準備をする隊員に、「百三十人、一年分の酒を用意せい」といったのです。

すると、その隊員が「えっ、酒を持って行くんですか」とびっくりして、「外国はどこの国も酒は持って行ってませんよ。酒は魔物で、あんなものを飲ましたらどうせろくなことはないから、禁じることにして、外国隊はみんなそうやっています。たまたま持って行っても、隊長やお医者さんが金庫に入れ、カギをかけておくかして、非常に厳格に酒は慎むようになっています。それをあなたは一年分の酒を持って行くというんですか」

「何をいうとるんや、わしはもう持って行くということを決心したんや。外国が持って行こうが行くまいが、そんなことおれの知ったこっちゃない。おれは隊員のすべての人を信頼しているんやから、そんなことあんた心配することはない、用意せい」

そうしたら、隊長の命令だから、隊長が決心しておられるんだったらしようがない、ではいったい一人一日どのくらいにしましょうかというから、「日本酒に換算して二合あて」といったら、その男がまたびっくりしました。

「そんなことしたら、樽がデッキにぎっしり並んで、犬の寝るところがなくなりますよ」

と、こういうんです。

「君は、まだあくまで酒を持たしてやらんように、やらんように考えているのか。そんなことはいかん。わしはもう持っていくことに決心しとるのやから、どうすれば持っていけるかということを考えたらいいのであって、犬が寝られんというのは、酒のかさが大きいから寝られんのじゃろう。それなら酒のかさを縮めればいいんで、濃縮ウイスキー、濃縮酒をこしらえて持っていったらいい」

「それはまあそうですけれども、どうしてこしらえますか」

というから、それは私にもわからない。けれど、幸い私の友人が大蔵省の酒をつくるほうの研究所にいるので、さっそく電話をかけました。

「百三十人分、一日二合あての酒を、一年分、濃縮ウイスキー、濃縮酒にしてくれないか」

「それは大変だ」

「大変はわかっているから君に頼むんやから、ひとつただでやってもらいたい。もちろん金は納められないぞ」

ということで、だいたい文部省の予算の中に酒なんていうものは入れられはしません。とうとうただでやってくれることになったわけです。

どんなりっぱな蒸溜の機械で作るのかと思ったら、何ということはない、普通の酒の中へアルコール分をデデッと入れるだけ、無水アルコールを入れるだけのことです。これなら、バカでもアホでもできるわい、と思いました。アルコールはなるほど濃縮されているが、肝心のコクのほうはものすごく薄まっているわけです。それをまた飲むときに薄めて飲むんですから、アルコール水を飲んでいるようなものです。まあそれでも酒にはちがいない。しかしただだから文句はいえません。

このように決心してから実行案を考えるのでなければ、新しいことはできません。

完全無欠な準備や計画はあり得ない

「やる」ということを決心してからの調査というものは、やる決心をする前の調査とは全然ちがいます。

これは、やるという前提のもとにする調査です。

もうすでにやると決めているのですから、どうすればリスクが減らせるかということに集中した調査になって、これは非常に大事です。

リスクを減らすためには、準備計画を綿密に立てなければならないのですが、いったい準備とか調査というものは、そんなに完全にできるものでしょうか。私にいわせれば、完全な準備というものは絶対にできない、としかいいようがありません。なぜかというと、これからやることは、知らない新しいことですから、必ず思いもよらないことが起こるに決まっています。それがリスクのもとなのです。

ところが、準備とか計画というものは、思いもよっているものしかできはしないのです。したがって、思いもよらないことに対する処置というのはあらかじめできていない。こわいのは、それが完全無欠であると思っている心です。

実際には完全ということはあり得ないのですから、これをどう処置するかということが、新しいことをする人間の、常に考えておかなければならないことなのです。これは私たち新しいことをやる人間の欠かすことのできない心構えです。

「案ずるより産むはやすし」とはよくいったものです。

リスクを減らす秘訣——臨機応変の処置——

計画を実行に移してから、思いもよらないことが出てきたとき、いったいどうしたらいいのか。それは何でもない、ただひとつ、臨機応変の処置をとるほかはないのです。

そんなことはわかりきっている、といわれるかもしれないが、この臨機応変の処置というものしかないのです。これを、すみやかに的確に行なうことによって、リスクが拡大することを防ぐ、最小限におさめる、という手だてしかないのです。それがリスクを減らす秘訣です。

そうするためにはどうしたらいいのかというと、すべて人間は沈着でないといけないわけです。沈着になれるということは、あわてふためかないということです。あわてふためかないということが沈着ということです。心が平静だと、ちゃんといい処置ができます。人間、心が平静でありさえすれば、どうすればいいかということが自動的に心に浮かんで来るものです。逆にいえば、浮かんでこないということは、心のどこかであわてふためいているからです。

それでは、あわてふためかないようにするには、どういうことが必要かというと、「思いもよらないことが必ず起こるぞ」ということを、覚悟していることです。その覚悟はどこから来るかというと、「準備というものは必ず不完全なものなり」と思っていることです。

つまり準備が完全だと思っていると、覚悟はあまりしていないわけですから、それで思いもよらない事態がヒョッと出てくると、「あっ、どうしよう」と思ってあわてふためく。

そしていい処置ができないでモタモタしているうちに、リスクはどんどん深く大きなものになって、どうにも手のつけようがないようになってしまう。ですから、まず、準備は不完全なものなりと感ずることが大事なのです。

世の中に完全なものなんてあり得ないのです。絶対の信頼性があるなどといっている宇宙船ででも、「スイッチを入れ忘れる」ことだってあるのです。

うまいものは宵に食え——臨機応変の処置——

私たちが南極へ行く前は、新しいことですから何も経験はないわけです。いろいろな先生方のご協力を得て、調査したり、計画を立てたりしていただきました。

たとえば食料品、これはいちばん大事なものなので食料部門委員会がつくられました。大学の先生やお料理の先生など、いろいろな方がおられ、お料理の先生が、私たちの一年分の献立をつくってくださいました。

それは非常に詳細をきわめております。いついつの朝食には何を食え、昼飯には何を、晩飯には何を食えと、細かく分解してみんなちゃんちゃんと書いてある。これほど完璧な計画はないわけです。これによっていろいろな食料品を準備せよとこういうことでした。

私は心の中では、このとおりにはとてもいきはしないと思ったのですが、先生は、これはちゃんとカロリーを計算してあるから、食べ残しはしないように、それから、これは人間の嗜好というものを考えて同じものがすぐ出てこないように、うまいこと循環するように、飽きないようにつくってあるから、このとおりの順序に食べなくてはいけないというのです。

それで私は、食料準備係に、「肉は何キログラム、何は何キログラムと全部集計して用意したまえ。ただしそのときに計算した数字は二倍にしておけよ」といったのです。こんなこと、先生に聞こえたら大変なことになりますから知らん顔してますけど、私はどうせこのとおりにいきはしないからまあ二倍にしておけ——ほんとうは三倍か四倍くらいにしたいところなのですが、宗谷の食料品冷蔵倉庫がそんなに大きくありませんので、まあ二倍がやっとです。

ところが、出発してから、案の定、もう思いもよらないことが次から次と起こってきます。印度洋を渡っている最中に、どうもくさいぞくさいぞと誰かがいうものですから、調べてみたら、肉の加工品、ハムだとかソーセージだとかいうものが、みな腐っているというんです。どうしたんだと聞いたら、冷蔵庫の前に置いてありましたというのです。冷蔵庫の中に入れてなかったのです。そういう思いもよらないことが起こってしまって、これで先生のお献立はまずダメになってしまいました。

それから南極に着いて、「宗谷」が停泊しているところに、荷物をみんなおろしてあったのですが、そこから昭和基地まで、越冬隊だけの手でアリが物を運ぶように少しずつ運んでいくことになりました。ところがその途中で、ある日急に嵐が来て、まだ運び残していた大部分の食料品が、氷山と一緒に影も形もなく流れてしまいました。

しかし、私は初めから「思いもよらんことが起こるぞ」と覚悟していたものですから、ちっともおそれることはないわけです。隊員のみなさんに、「おい、どうしよう?」と相談したら、「ああ、せいせいするじゃありませんか、もうこれで荷物を取りに行かなくて済みますから」「うん、それもそうやなあ」というわけです。臨機応変の処置をとるしか仕方ないではありませんか。

また、それからしばらくたちましたら、こんどは冷凍品が腐っていることがわかりました。南極で冷凍品が腐るなんてちょっとおかしいと思われるかもしれませんが、そこがつまり知らない情けなさで、思いもよらないことが起こるわけです。

それは、もともと冷凍庫を持っていく予定だったのですが、どうせ氷や雪があるだろうから、そこへ穴を掘って入れておこうということにしたのです。

ところが来てみたら、そんな穴を掘るような氷がないんです。やっと氷があっても、ものすごく堅く、コンクリートを叩いているようなもので、大きな穴をこしらえるには、よほどちゃんとした道具がなければできないということがわかってきました。

これは困ったことになったと思いました。が、フト見ると天佑というのか氷の割れ目があります。

これはいいというわけで、そこへ食料品を全部入れました。

ところが、その中に入れておいた食料品が全部腐っているのです。調べてみたら、その氷の割れ目というのは、陸の氷と海の氷との境目にできる割れ目でした。陸の氷はジッとしているけれども、海のほうの氷は潮の満ち干きとともに上がったり下がったりしているわけです。そうすると、どうしてもそこに蝶つがいみたいなものがなくちゃいかんわけで、その蝶つがいのかわりをしている割れ目なのです。

そんなことこっちは知らないから、そこへ食料品を入れたわけです。ところが、一日二回ずつ潮の満ち干きと一緒にあいたりふさがったりするわけですから、そのうちにだんだん食料品が海の中に沈んでしまい、海の底は暖かいから、みんな腐ってしまった、ということです。

わかってみればバカみたいなことですけれども、知らないために思いもよらないことが起こります。

さて、その中で幸い鶏の足みたいなものが腐りがおそくて残っていました。隊員たちに「オイこれどうしよう?」といったら、「隊長、うまいものは宵に食えっていう言葉があるじゃないですか。もう食ってしまいましょうや」「それがよかろう」とみんないいますので、それじゃそうしようというわけで、両方の手に鶏の足を持って、たらふく食ってしまいました。誰かが「こんなぜいたく覚えたら、日本に帰ってから安月給ではやっていかれないぞ」といいますと「お前帰れるつもりでいるのか……」

そういうわけで、きわめて呑気といえば呑気ですけれども、しかし新しいことをする人は、必ずそういう楽観的なものがないとだめです。

いわゆる取り越し苦労ばかりしていたら、決して新しいことはできるものではありません。だから新しいことをする人は、天佑というものも作戦の中にじゅうぶん入れてよろしいのです。しかし、そのかわり、臨機応変の処置ができるという自信をつくっておくことのほうが大事です。それには、沈着でありさえすればそれでよいのです。新しいことをする心構えのひとつとして、こういうものがなければだめなのです。しかし、そんなむずかしいものなら、新しいことなんてしないでおこうか、などと思わないでもらいたいものです。なぜかというと、世の中は常に進歩しています。ですから、たとえ、よそのすることを真似するとしても、この心がけがなかったら、真似も決してうまくはできないのではないかと思います。

探検家的精神

以上、述べてきたことは、要するに探検家的精神のことなのです。重複しますが、いままでのところをまとめてみましょう。

ここでいう探検家的精神と、俗にいうパイオニア精神とはちがうものです。

パイオニアがアメリカの西部開拓をするというときには、すでに探検家が全部調査したあとで、幌馬車隊を引きつれて、どんどんやってきて、そこを開拓したというのがパイオニアです。

これは、探検家が何もわからない分野を探検するのとはちがうのです。

探検とは、何も知らない、わからない、その先がどうなっているかまるでわからない、たとえば、先へ行ったら海があるのか、インドまで続いているのか、それもわからない時代に、困難とたたかい、未知の恐怖におののきながら、ついにやりとげて、人類に知識をもたらした、そういうことをいうのです。

それじゃあ、探検家的精神とはどんなものだろうかといいますと、探検家は、まず第一に、やるかやらないかという決心をする前に調査するよりも、やるという決心をしてから調査をします。決心をしてから後にやる調査というのは、いかにして失敗のリスクを減らすかということに専心することになるわけです。ですから、考えられるあらゆるケースを想定して、それらに対して、こうして克服する用意をしよう、こういう準備をしていこうということになります。

次に大事なことは、そういうふうにして、一生懸命になって調査をし、あらゆる面から完全と思われるほどの準備をして、そしていよいよ出発しても、どんなに時間をかけても、結局は、完全にリスクをゼロにするような準備というものは、できないということです。つまり、われわれが準備できるというコトは、思いもよっているコト、考えられるコト、予測のつくコト、これしかできないのです。

しかし、実際には、未知のことをやるのですから、思いもよらないコトが必ず大なり小なり出てきます。これは当然なのです。ですから、これに対する心構えというものが、探検家としていちばん大事なことになります。未知であればあるほど、思いもよらない出来事というものは、出てくるにちがいないのです。

それじゃあ、いったい、そのときにどうしたらいいか。ただちに臨機応変の処置をとらなければしようがありません。つまり、そういうリスクのきざしが見えたときに、いち早く、しかも最も的確な処置を講じる以外には、ほかにやりようがないのです。それにはどうしたらいいか。あわてふためいた状態においては、決して臨機応変の処置を、速やかに的確にとることはできません。アガっていてはだめなのです。おちついていなければいけない。つまり、〝心の平静〟ということが非常に大切なのです。

それではいったいどうすればおちついていられるか、沈着でいられるか。また遡ってみましょう。

結局初めから、そういうリスクというか、思いもよらない出来事というものが、必ずある、起こるに決まっているということを、あらかじめ覚悟していることが大切です。それを覚悟していないと、思いもよらないことが起きたときに、びっくり仰天、あわてふためくことになるのです。しかし、それを覚悟しておりますと「ウン、予定のごとく出てきたなあ」という気持がありますから心は非常に安定しているわけです。

それには、もう一つ遡って、自分のやった準備とか、あるいは調査とかいうものは、不完全なものなのだということを、初めからはっきりと意識している必要があります。それを完全だ、と思い込んでいると、覚悟をしていないのですから、あわてふためいてしまうのです。ここにひとつの落し穴があるわけです。

さて、そういうふうに調査をし、リスクの準備をし、考えるだけ考えてリスクを減らす、というプロセスは、全部ロジックで成り立っています。つまり、こういうケースがありうるだろう、それなら、そういうときには、こうしてああして、こうしてああして、というふうにいわゆるロジックが成り立つのです。

ところが、もう一つの、思いもよらぬことが起こったときに対する臨機応変の処置にいたる系列のほうは、むしろノンロジックなのです。あるいは、もっと直感的な感覚的なものです。前者は、考えることができる問題でしょうが、後者は、考えるというよりは、感ずるほうの部類に属することではないかと思われるのです。コンピューターをいくら使っても、後者はそう簡単ではない。感ずるので、ロジックがないのですから、非常にむずかしい。したがって、これはむしろトレーニングによらなければならない問題で、いわゆる修行とでもいわれるようなことを重ねて能力を身につけることになるわけです。

これから先は創意工夫に頼るほかない

南極へ出発の日のことです。

私はほかの人より早く、早朝に「宗谷」に乗り込みました。昨夜まではガラガラと盛んに荷物を積んでおったのが、もういまはシーンとしています。私は自分の船室に入って考えておりますと、何かしらんが忘れ物がいっぱいあるような気がしてしかたがない。いまならまだ買いに行けば間に合います。しかし何を忘れているかは、さっぱり思い浮かばない。イライラ、イライラ、動物園のクマみたいに部屋の中を、あっちへうろうろ、こっちへうろうろ……そのときにハッと気がつきました。

これから先は、何がなくてもやっていかにゃならん。ひたすら創意工夫に頼るほかはない。そう気がついたトタン、気持がスーッとおちつきました。さっきのクマのうろうろもやみました。たばこもほんとうに気持よく吸えました。デッキへ出て周囲を見回す余裕も出てきました。

見ると、あっちでもこっちでも家族の人たちが、ポロポロ泣いています。そこで私は出て行って、その人たちにいいました。

「大丈夫、私がついて行きますから」

もし私が先刻のように、クマみたいにうろうろして、何か忘れてるものないかなあ、どうしようどうしようと思っているときに、隊員の奥さんや家族の方に会ったら、とてもそんなに自信を持っていえなかったでしょう。

そのとき、「私がいるから大丈夫です」といったのは、いかなる事態が発生したとしても、私が必ず創意工夫を発揮して克服してみせるぞ、という気持です。

事実、私たちの越冬中には、もう隅から隅まで創意工夫が要求されました。またそれができたからこそ、私たちは安全で、しかも楽しく一年間を過ごすことができたのでした。

創意工夫する能力こそは、神がわれわれ人間にあたえた特権です。

あきらめたらいかん――創意工夫の秘訣――

創意工夫するためには――。

まず第一に「こんなことができないのか」と思わなければだめです。うぬぼれであっても何でもかまわん。うぬぼれと自信は同じものです。それを、ヤレうぬぼれはだめだ、自信でないといかん、といっているから、どっちがどっちだかわからなくなって、力が出ない。何でもいいから、おれは創意工夫でやるんだと思わなければいけない、ということです。

第二に、絶対あきらめたらいかん、何とかなる、何とかしてやるぞ、と思うことです。

越冬中の例をとって話してみましょう。

私たちのところに通信機が二台ありました。一キロワットずつで、真空管がプッシュプルに用いてあります。この通信機は東芝でこしらえたもので、真空管も東芝です。ところが出発まぎわ、真空管のスペアーを三本しかつけてくれないことがわかりました。四本使っているのにスペアー三本では七本しかありません。「こんなに少なくてはだめだ」といったのですが、「予算がありません」という返事。ひどいことをいうと思いましたが、だんだん聞いてみると、どうもこの真空管は新しく設計してつくったから、これだけしかできていないということです。

しようがない、これだけで行かなければならない、ということになりました。ところが越冬をはじめてひと月かふた月たったころに真空管が一本駄目になりました。もちろん取り替えましたが、それから毎月のように一本ずつ駄目になっていきます。まだこれから先ずうっと越冬しなければならないのに、とうとうあと二本しかなくなって通信がやれなくなる心配がでてきました。こりゃあえらいことになってきた。どうしたらいいか。日本に取りに行けといったって無理だし、手をつっこんで直そうと思っても真空管だからできない。やって直したとしても真空にする道具がない。パワーを減らして使おうという話も出ましたが、やってみるとあまりに弱すぎます。

さあどうしたらよいか。私は絶対にあきらめない。何とか創意工夫でやるぞと思っていますから。まず、こわれたやつの一本を犠牲にして構造を調べてみました。

この事故というのが全部フィラメントとグリッドのタッチによる故障なんです。フィラメントがヘアピンタイプといいまして、女の人のヘアピンと同じような形になっています。これに電流を流しますと、その外側のグリッドという線にそれが触わってしまう。なぜかというとヘアピン型のフィラメントが非常に温度が高くなっていますから、重力でだんだん垂れてきて、それがグリッドの線と触わるからです。だから重力で垂れたフィラメントを元にもどしたらいいわけです。

この真空管を重力が逆になるように逆さまにして、強い電流を流し温度を上げてやったら、フィラメントがもとにもどるに違いない。ところが温度を上げようと思ってもトランスがないのです。どうしようか。そうか直流でも別に差しつかえないだろう。それなら蓄電池がいっぱいあります。みんなの部屋に電灯を灯すために、蓄電池が配給してあります。それを集めてきました。そしてそれをシリーズ・パラレルにつなぎ、強電流を流します。しかし、流しすぎたらポロッと切れます。切れたらもういけません。切れる寸前まで温度を上げたいのです。さあ、それでどうしたか。第一、温度も何も計りようがないのです。目で見ながらそこでだんだん電流を増していき、パチッと切れたら「あ、これ以上流したらあかん」ということがわかりました。

これで二本犠牲にしましたが、あとのはまだ生きています。そこで故障したのを逆さまにしてバーッと強電流を流す。そしてまた使う。とうとう一年間これで過ごしてしまいました。

やっぱり窮すれば通ずるものです。

「その紅茶飲んだらいかん」——創意工夫の秘訣——

私たちは雪上車に乗って旅行することになりました。初めての遠出です。一面の雪野原をガタガタガタガタ進んでおりました。

突然、雪上車がガクンと止まりました。ほんとに突然ガクンと止まった。びっくり仰天です。

雪上車にはカタピラというのがあります。ここにでっかいスプロケットという、いぼいぼのある歯車みたいなのがあって、これをぎりぎり回るのでカタピラがガラガラ動くようになっている。見ますと、ここにあるはずの大きなナットが飛んでなくなっています。それてスプロケットがシャフトから抜け出して、カタピラがはずれかかっているのです。

さあえらいことになりました。このナットがなかったらどうにもなりません。そこらへんに落ちてないか、探せということになりましたが、探しても見つかりません。スプロケットがシャフトから抜け出るほどになっているのだから、もっと前にはずれたにちがいない。「この前、止まって休んだところまで探しに行ってこい」ということで一人で行っては危いから二人行かせました。そのとき、「前に止まったところまで行ってなかったら、必ず帰るように」と注意しました。

若い二人が出発したあとで私は考えました。「まてよ、あの二人、手ぶらで帰ってくる可能性もある。それから対策を考えるんじゃおそい。だからまず見つからないと仮定して、ナットが見つからなかったらどうするかということを考えよう。まずシャフトから抜け出ているスプロケットをはめることだ」

それで残ったみんなで、ドーンドーンと叩いて、やっとスプロケットをはめました。次に、どこかいらんナットはないかしらと思って、雪上車の中を探しましたら、やっと一つ見つかりました。これをやっとはずして、シャフトにはめてみたらガバガバです。この袋ナットは大きすぎてシャフトとの間にえらい隙間がある。それであきらめてしまえばおしまいですが、私は絶対にあきらめません。

よし、とにかくこの袋ナットを補修しなければいかん。けれども旅行のまっ最中で旋盤があるわけじゃなし、何かないかと探しまわったら、トーチランプに、ハンダが数本ありました。よし、このハンダで隙間を埋めてやろうと思いました。そのためには円錐形の木型が必要ですが、そんなものあるわけがありません。そこでまた何かないかと探したらドライバーの柄が出てきました。これは円錐形になっています。この柄を錐で切って袋ナットの中にはめこみ、トーチランプでハンダを溶かしながら、タラリタラリと落とします。そして最後にこの柄を抜きますと、ちゃんと円錐形のネジ穴があきました。これなら前のようにガバガバではありません。こいつを丸太ん棒を使って、みんなでヨイショ、コラショ、ヨイショ、コラショ、それからギュッギュッと締めて、無理やりシャフトへねじこみました。カタピラをはめて、ちゃんと直りました。

さあ、みんなできたと喜んで、紅茶でも飲もうということになりました。山登りに使うコッフェルというのがあります。あれに雪をほうりこんで沸かすんです。

「隊長、お祝いに紅茶をひとつ」

といって持ってきました。そこで私は、

「そりゃ飲んだらいかん」

「えっ、毒でも入ってますか」

「いや毒じゃない、わしはそいつがいるんだ」

といって、その中に雪をいっぱいほうりこんでお粥みたいに、がちゃがちゃすりまぜました。中には紅茶の葉っぱがいっぱいまざっています。それをさっき修繕したナットのところへベチャベチャへばりつけると、たちまちパット凍ります。まるでコンクリートで固めたみたいにカチンカチンになりました。

私はそれでほっとしました。なぜかといいますと、せっかくこうして修理はしたが、しばらく行く間にまた緩んでしまう心配があったわけです。緩み止めの道具が、なにかないかなあと思っていたところに、紅茶を持って来たから「しめた!」と思ったわけです。

そこへ前の場所まで探しに行った二人が、しょぼんと帰ってきました。

「どうだった？」

「ありませんでした」

しかし、こちらはもう直っています。

「そんなら出発」

するとハンドルを握っている男が、

「はい、じゃ行きますよ」

と出かけたところが、すうっと回って後向きになった。

「お、お、君、君、どこへ行くんだ」

「え、帰るのと違うんですか」

「何いってるんだ、これからまた前進するんだよ」

「こんな車で、まだ前進するんですか」

「立派に直ってるじゃないか、危なくて帰ろうなんてもってのほかだ。前進！　前進！」

また向きを直して、ガラガラと出発です。

これも創意工夫の一つです。あきらめたらもういけない。できる、と思ったらできるのです。

何事も前向きに考え、実行すること、これがよいのです。

創意工夫こそ生活を豊かにする

私は、山に登っていろいろな危険にさらされたことがあります。丸木橋から落ちたとか、雪渓で足をすべらしたとか……そんなとき、反射運動的に、どうしたらいいかということがわかります。それが、遭難するかしないかの分かれ目なのです。心がおちついていれば、たやすく、頭の中にどういうふうな処置をとったらいいかということが、パパパッと浮かんできます。

第一回目の南極の仕事というものは、それはそれは思いもよらない出来事が、次から次へと起こりました。思いもよらないのだから、初めっから準備することはできません。起こってから、何か処置するしかしようがありません。そこで、非常に短い時間で処置しなければならない場合は、反射運動的にやる以外ないわけです。

しかし、長い時間かかってもかまわないものもあります。それは、創意工夫ということです。思いもよらない出来事を創意工夫によって処置することができなければ、初めての越冬なんていうことはできません。あるいはまた、探検なんていうことはできません。探検は、その裏づけに、創意工夫というもののできる能力が、備わっていなければだめなのです。雪上車のネジがこわれればつける。真空管がこわれたら直す。しかし、道具は何にもないのです。そこにあるだけの道具で、何としてでも、処置することができなければならない。

そういうことが、無数に近いほどあるのです。

第一回目の南極越冬が成功したということは、逆にいったら、創意工夫がそれを成功させたということです。

またそういう工夫がなかったら、われわれの日常の生活はできていないでしょう。

創意工夫が、われわれの生活を豊かにし、安全にしてくれるわけです。

どうして病人をつくらんようにするかを研究すればいい

私が南極で越冬していたときのドクトルが非常にいい人で、私をよく助けてくれました。こんないい人はないというほどいい人でした。内地に帰って来ましたとき、ある病院から院長になってくれといわれたそうですけれども、ガンとして断わりました。院長になると金の心配をしなければならないから困るというのです。そして、北海道の金の心配をしないでもいいところで一生を終わりたいといっていましたが、幸い彼の注文どおり、釧路の製紙工場の病院に行くことになったということを聞いたのはその後まもなくです。

数年たってから、私は釧路へ行くついでがあったので、彼を訪ねますと、私を病院に案内してくれましたが、どの病室も患者が一人もいない。ガラあきになっているのです。「君は失業しているのか」と聞きますと、彼は「私は予防医学をやっているのです」といって、次のように続けました。

「南極越冬中に〝君は何にもせんでええから予防医学だけやればいいんだ〟つまり〝どう

して病人をつくらんようにするかを研究すればいいんだ。病気を治すことなど全然考えなくてもよい〟とおっしゃったでしょう。だからいまでも予防医学をやっています」

そして、そこにおいてあるシシャモという魚を指して「これが予防医学です」というのです。

「君、それはシシャモじゃないか」

「いや、予防医学です」

「それは、どうしてだ」

「西堀さん、話せば長くなりますが、私がここへ来たときは、こんないまのような状態じゃなかったのです。どの部屋も病人でいっぱいでして、それでも病室が足りないので、社宅へ往診にまわりました。手がたりないので、北大から応援の医師にも来てもらって治療にあたりました。

そして、みんなといろいろ研究してみましたが何の病気かわかりません。奇病ばかりです。よくよく調べてみると、主人が会社で仕事の鬼になって、なかなか家へ帰ってこない。そこで家で待っている奥さんがヤキモキして、〝内地へ早く帰りましょう、早く帰りましょう〟と、釧路の辺鄙《へんぴ》なところで暮らすことにあきあきして早く内地に帰りたがる。

ところが旦那さんのほうは、工場建設の最中ですから〝何をいってるんだ〟ととりあわない。奥さんは〝だいたいあなたが悪いんですよ。〇〇さんはもうさっさと内地へ帰ったじゃありませんか。あなたができが悪いから帰れないんですよ〟ということから、両方が対立し、お互いが神経衰弱やヒステリーになってしまう。そこで西堀さんのいった、『隊員をして常に忙しくせしめておくことである』という外国の越冬隊長の話を思い出して、どうも奥さんが暇すぎるから、ろくでもないことを考えるのだ、と思い、私はさっそくポケットマネーを出してイカを買ってきました。

〝さあみなさんこれからスルメを作ることを研究しましょう〟というと、奥さんたちも〝手伝いましょう〟というわけで、みんなでスルメ干しをやりました。できあがったものを故郷へ送ると、故郷からは、いままで食べたこともないおいしいスルメだと非常に喜ばれる。奥さんたちはいよいよ積極的になってやりはじめ、だんだん病人が減ってきます。しかし、そのうち、とうとうイカのシーズンがすんで、こんどはシシャモの漁期になったので、スルメより美味だが手のかかるシシャモの製造加工をはじめました。仕事がどんどん進みまして、こんどは奥さんたちのほうから、どんどん買ってちょうだいと大繁盛し、そうしたら、けっこう病人も一人もいなくなりました」

〝小人閑居して不善をなす〟という言葉がありますが、毎日を忙しくしておくことが一番よいようです。

自然即人間、人間即自然——征服よりも融和——

人間には、自然というものに対して、いつでも対立的理念があります。

たとえば、私たちが南極へ行くときに、ある人が「私は南極の自然を征服してまいります」なんて大げさなことをいっていたのです。ところが、向こうへ行ってみたら、そうはいかんということが、だんだんわかってきて、今度は自然をあなどるなといっていましたが、数カ月もたつと、もう何もいわないようになりました。

つまり、自然と融合してくる。対立から融和へ移行してくるわけです。そうすると、自然即人間、人間即自然ということになって、自然現象のひとつひとつが楽しくなってきます。もしここで、新しいことが発見されれば、その喜びたるや、実に大きいものなんです。

私は、対立理念でいくか、融和理念でいくかというならば、融和のほうが大事だと思っているんです。

たとえば、人間のために自然があるんだ、主人のために奴隷があるんだ、という考えはみんな対立なのです。このような考え方で組立てていこうとしている哲理を、われわれは今ここで考え直して、人間即自然、融和の人を培っていかなければいけないと思っているのです。

この考え方でわたしの人生が組立てられています。

私はいちばん年齢が上だったから隊長になった

私は偉いから隊長になったのではなく、いちばん年齢が上だったから隊長にさせられたのです。

昭和基地では、みんなにそれをいいましてルールを決めて、何でも年齢順でやることにしました。風呂へ入るときも、飯を食うときの席順もみんな年齢順です。

ルールの決め方は、どんな決め方でもいいのです。アルファベットでいってもいいし、イロハ順でやろうぜということでもかまいません。けれども年齢というものは都合のいいもので、これは絶対に追い越すことができない。私が倒れたとしたら、今度は次の年齢の人がリーダーになるでしょう。私の次の年寄りですから、その人がなる。ちっとも偉いわけじゃない、ただ順番だからしようがない。けれどもなった以上はリーダーらしくやるしかないわけです。

しかし年齢というのは、経験の深さというものとやや比例しますので、この意味から、リーダーに年齢の高い人がなるということはいいことだと思います。

越冬隊員は知らない人ばかり

私は、隊を編成するについて、まず第一に、知らない人ばかりを隊員にすることを決心しました。それはなぜかというと、なまじっか、越冬隊員の中に以前から親しくしている人間が二、三人でもいたとしますと、つい親しいからオイ今晩一杯飲もうやということで私の部屋へ連れて来る。一緒に飲んでいると、その人との間はなお親しくなるでしょう。けれども、その場合には必ず反対に離れていく人間ができるわけです。そうすると、主流派、反主流派なんていうのができてくる。いわゆる派閥の争いということになったらこれはおもしろくないと思ったわけです。私はまず知らない人ばかりを隊員にするという決心をしたわけです。

そうしますと、今度は人を選ぶということが私自身には必要がなくなりました。誰かに選んでもらえばいいわけです。

条件としては、たとえばコックさんならば、中華料理、それから西洋料理、日本料理、この三つともできる人でないと困るとか、あるいは年齢は、あまり年寄りも困るし若すぎても困るから何歳から何歳くらい、かつて寒いところで、たとえば満州の寒いところとか、あるいは船の中のようなせまいところで料理をした経験のある人がいい。

こういう意味の条件はつけましたけれども、その人がどういう性格なり、あるいは個性なりを持っていようとそれはかまわない。私は必ずうまくやってみせるという、自信だか、うぬぼれだか知りませんけれど持っている。人間というものは柔軟性のあるもの、融通のきくものだと私は考えています。だから、あまり適材適所なんていう言葉を使う意思はないのです。必ずその人が適所に合う人になってくれるという、ちょっと逆説的なことを考えました。

したがって、私は自分で隊員を選びはしなかったのです。当てがいぶちでよろしい、あるいは見合い結婚で結構ですと。

これは後になって、私は非常によかったと思っています。

私は、隊員を全く信頼して、一年間暮らしました。

"西堀流"というのは何ですか

越冬隊員は、とにもかくにも、初めてこの昭和基地で生活をともにすることになったわけです。

「これから一年間、この昭和基地を統治します」と、まあ私は施政演説をやらなければいけないわけです。

「つきましては、この昭和基地を〝西堀流〟に統治いたしますから、さよう心得ていただきたい」

「いやな人はさっさと帰れ」といったところで帰るわけにはいきませんので、ともかく我慢してもらわなければならないわけです。

ちゃめな隊員が、

「その〝西堀流〟というのは、何ですか」

とこういうので、私は

「それは、私は自由というものを味わおうとしておる。この一年間に、自由というものの良さ、それがいったいどういうふうになっていくかということを、私は実験してみたいと思う。ひとつ、みなさんもそういうふうにやっていただきたい」

「隊長、その〝自由〟というのは何ですか」

私は、ちょうどそこにあった、ちょこと徳利を両手に持って、

「自由というものは、まず人の自由を尊重すること、人の自由を尊重できないようなものには、自分の自由は与えられん。だから、昭和基地では、いっさい、酒を人についでは相ならん」

これが、昭和基地の憲法第一条です。

人に酒をつぐ、ということは、人の自由を妨げることで、飲みたくない酒を「まあ飲め、いいから飲め」といわれるほど、困ることはない。だから、もういっさい人に酒をついではならん、といったわけです。

そのかわり、自分で手酌で飲むんならなんぼ飲んでもよろしい……というわけです。

そして、一年間、酒のトラブルというのはひとつも起こりませんでした。

これは〝自由〟のひとつの象徴です。

「プンプン」

私は南極へ酒を持って行くことにしたのですが、心配なことは、やはり酒は魔物であるということです。日ごろ君子のような人でも、ひとたび酒を飲むと悪魔のようになることも世の中にはよくあることですので、越冬する人に試験だけはしておかないといけないと思いました。

そこで赤坂へ越冬予定者だけ呼びまして、「今日はこの人たちをヘベレケに酔わしてもらいたい。ただし、わしにはあまり飲ましたらあかんぞ」と芸者に頼んだわけです。そうしたら芸者連は、ほんとうに腕をまくったかどうか知りませんが、とにかく腕によりをかけてみんなに飲ませました。

まあよく飲む連中ばかり集めたもんだなと驚きましたが、それが、飲めば飲むほどいい酒だということです。ああいい人たちが来てくれたと思って私は安心したのです。

いよいよその人たちが、検査の結果、全員合格して、船に乗って出かけて行ったわけです。

ところが、途中、船はシンガポールに寄港しました。初めて外国の土を踏む人たちばかりです。みんな、喜んで上陸しました。そこへ外交官のお嬢さんや奥さんの綺麗な方がたから、税金のついておらんウイスキーを、まあ一ぱい、まあ一ぱいと勧められたものですから、グデングデンに酔って船に帰って来ました。

私がタラップを上がろうとしたら、デッキからドブンと海にはまった者がいる。さっそく引き上げてみたら、越冬予定者で、赤坂ではたしかに合格した男です。それがこのざまは何だというわけです。私は大変心配し、この男を連れて行かなくては困るし、そうかといってこんな者を連れて行ったらどういうことになるかわからない。せっかく私が酒というものに関してみんなを信頼しているにもかかわらず、その信頼を裏切られたので、非常に困りました。

いよいよ明日は次の寄港地ケープタウンに入港するというときに、その男を部屋へ呼びました。

「最後のチャンスをひとつ与える。それは明日ケープタウンへ入港するが、ほかの人はみな上陸してクリスマスの前だから飲めや騒げでグデングデンになるに決まっているけれども、君は上陸禁止である。君は禁酒である。それが守れたら連れて行ってやるし、守れなかったら残念ながら君はもう帰ってもらわなければしようがない」

そうしたらその男は、

「ハハアそのことですか、それならばご心配なく……」

「赤道直下の航行中、わしは寝てもさめてもどうしたものかと心配ばかりしていたのに、何がご心配なくじゃい」

「いや私はここにお守りを持っております。このお守りが効きますから大丈夫です」

といいます。

何か見せてみなさい、といって見ましたところが、それはその人の奥さんから本人あての電報です。

「プンプン」

たった四字しか書いてないのです。

「このお守りは効くぞ」

「エッなぜ効くんです？」

いま自分の口から、このお守りが効きますから大丈夫です、ご心配なく、なんていったその口でおそらく彼は、西堀さんは理学博士だから、そんな迷信みたいなことをいったらガチンとしかられて、「こんなもの効くか、あほ」とどなられると思ったのに「効くぞ」といわれたものだから、びっくりしたのでしょう。

「いやあ、ぼくはいままで君を知らなかったし、奥さんも知らなかった。しかしいい奥さんだな。出発のときに見送りに来て、お目にかかっていろいろ話をしたけど、綺麗だし、心はやさしいし、頭はいいし、それにウィットに富んでいるし……」

私は知っているかぎりの礼賛の言葉を片っぱしから使って、べたぼめにほめたのです。

そのたびに彼の顔が、ポッポッと紅潮しています。

いろいろいったあげく、「明日ケープタウンに着くけど、君は好きなことをしていい、何をしてもかまわんぞ。さっきは酒飲んだらいかん、上陸は禁止だといったが、あれは取り消しだ。もう好きなことをしてよい、私はちゃんと信じているから……」

翌日、ケープタウンに着いて、その男はいったいどうしたか。あそこには、ご承知のとおり、テーブルマウンテンという切り立った山があります。彼はそこでロッククライミングをやっておりました。あれではたしかに酒は飲めません。実に謹直に、彼はちゃんとしておりました。

研究室〝聘珍楼〟

東芝で真空管の研究をしていた当時、自分の研究室に〝聘珍楼《へいちんろう》〟という名前をつけました。横浜の南京町（中華街）へ行くと、聘珍楼という中華料理屋がいまでもあります。聘珍とは、珍なものよ、おいでおいでという意味ですが、私はできるだけ珍な人間を研究室へ招聘しようと考えていましたので、この名前をつけたのです。

なるほど珍なやつばかり集まりました。珍なやつということは、逆にいうと、個性の非常に強い連中ばかり集まって来たというわけです。

ところが、珍なやつはやはり一癖ありますから、一筋縄ではいきません。軍隊式におさえようなんてしても、とてもそれは無理です。なかなかむずかしい。どうしたらいいだろう。

ちょうどそのころ、ドイツのハーゲンベックという猛獣使いの一団が日本に来ました。ハハア猛獣みたいな連中ばかりいるんだから、ひとつハーゲンベックに猛獣をどんなふうにあつかっているのか、聞いてみようということで、出かけていきました。ムチを持てとか、エサで釣れとか、あるいは愛情をもってどうこうしなさいとか、いうかと思っていたところが、そんなことはいいません。

「それは簡単です。象は象なりに、虎は虎なりに個性を持っている。だから、象は象なりに、虎は虎なりに、やらせたらいいんです」

つまり言葉をかえていえば、個性を尊重せよということ、それ以外に方法はない、とい

うことを教わったのです。相手の長所を生かすことに専念せよ、ということです。私は飛んで帰って、

「よい話を聞いてきた。今後は君たちの個性を伸び伸びと発揮して仕事をしなさい」

といいわたしたのです。

それ以後、その珍な連中が、みんなほんとうに力を出して、よくやってくれました。自慢するようですけれども、私たちのグループは、当時東芝においても最高の実力を持っていました。

他人の個性を変えることはできない

私たちの隊員は、ほんとうによくもこれだけちがう個性を持った人たちが集まったと思われるくらい、個性の強い連中が集まりました。

たとえば、昭和基地で私たちの与えられた個室、これはみんな同じことになっています。

私の部屋も畳一枚か、それよりちょっと小さいくらいで、ほかの人も大きさは同じです。ベッドがあり、枕がありというふうに、みんな同じ規格の部屋です。けれども、その部屋のしつらえ方というものは、これはもう各自それぞれの個性に合ったやり方をしています。

私の部屋なんていうのは、古着屋の店先みたいに、フンドシがぶらさげてあると思うと、シャツがぶらさがっている。写真機がある。望遠鏡がある。壁が見えないくらいに、いろいろなものがずっとぶらさげてある。手をのばしたら何でもとれるように、お酒があるし、たばこもあるし、何でも寝ながらできるようになっている。また外の気象、風がどう吹いているとか、気温は何度とか、何でもフッと見たらわかるようになっている。とにかく実に奇妙奇天烈な、足の踏み場もないような部屋です。しかしこれは私の性格をあらわしていますから、しようがありません。

ところが前に出てきた「プンプン」なんていう人は、非常にきちょうめんな人で、部屋に手拭一つぶらさげていません。みんなしまっているのです。まるで空家にでも入ったように寒々としているのです。

またもう一人の男は、晩寝るときには、必ず壁にはってある女優の写真にキッスをしないと眠れないというふうです。隊員の中のいたずら小僧が、その写真の唇のところにトウガラシを塗っておいたら、それを知らずにキッスをしたものだから、大騒ぎになったという話があります。

それから、日本酒が好きで、どこからか知らないが、畳のうすべりみたいなものを探してきて、そこであぐらをかいていっぱいやらないと気がすまん、という人もいます。

また、一年間とうとう一度も部屋の掃除をしなかったという男もいます。

それぞれが個性を発揮している。私はそれでいいと思っています。

ところが世の中には、よく自分の部下というものを、欠点だらけで長所なんかない、という人がいます。

私は、それはいけないと思います。人は必ず自分の型というものを持っている。あるいは理想像というものを描いている。その目で相手を見るから全部欠点に見えるのだというのです。

たとえば、きちょうめんで部屋をきれいにする男が、もし隊長になって、そして自分の型にみんなを合わせたいという気持が、無意識にどこかに働いていたとしますと、まず私の部屋にやってきて、隊員である西堀に「君、何だこれは。何でもかんでもブラブラぶらさげて、こんなにだらしないことじゃだめだ。そんなことしているから仕事のほうもだらしがなくなる。「一事が万事キチンと片づけろ」というようなことをいいたがるものなのです。その人の型というのは、キチンとするという型であって、それを理想と思っているわけです。このように自分の型というものを持って、それで相手を見ると、相手はそれと違うものですから、すぐそれが欠点として感じられるわけです。しかし、私はそんな寒々とした部屋に一日だっていられません。

人の顔がみな違うように、われわれの隊員は、みんな性質がちがう。そこがいいのです。ではそういうふうに見るためにはどうしたらいいかというと、人の欠点、短所というものを認めなければいい。まず第一には個性というものは、自分では変えられるかもしれないけれども、ほかの人では変えられないものだとあきらめることです。

欠点というふうに見えているその裏には、必ずその人の何か個性があって、その個性がたまたま欠点という形になってあらわれているだけのことだと考えることです。欠点とか短所とかいわれるようなものを少し掘り下げて考えてみると、それはその人のあるクセだということがわかります。そのクセをいいほうにふりかえることはできるはずなのです。

つまり、もとの個性というものは変えられないのですからそのままにしておいて、その代わり短所になってあらわれているあらわれ方だけを、長所にふりかえるようにするしかないのです。

たとえば、私の隊にあわて者がいたとします。「バカやろう、お前は何てあわて者じゃ」、といいたいときがあるわけです。ところが、欠点と見られているあわて者ということも、もとをただせば、その人は物事を早くやりたいという、性質があるわけです。だからそれをいいほうにふりかえて、「君はなかなか機敏だね」というのです。

「君はなかなか機敏だなあ、だから失敗しないようにやれば、なおいいんだけどなあ」こういっておけばそれでいいのです。個性を殺していないわけです。

このように、欠点ということをいわないで、欠点を直すのではなく――欠点を直すと個性まで直してしまいますから――個性のあらわれ方だけを直したらいいのです。

個性は直せないから個性をいかそうと思う、これは非常に価値のある大事なことです。

個性尊重ということは、個性は変えられぬと思うことから始まるのです。

個性は変えられないが、変えられるものがある

個性は変えられないが、変えられるものがある。

それは何かというと、能力です。能力というものは変えられる。これはあとからついてきた、すなわち後天的な性格のものですから。

従来は、能力は変えられないもの、個性は変えられるもの、などと考えていたのです。

私は仲人をしたことがありますが、その新郎に、「君の奥さんの個性は変えられないよ。しかし能力はいくらでも変えられるよ」とこういったことがありますが、その男は後になって非常に感謝しております。

えてして、結婚したときは〝あばたもえくぼ〟ということもあって、いい性質だと思っているけれども、そのうちにその性質が悪いように見えてくることがあるものです。すると、うちの女房はけしからん、もっと性格を変えてやろうと思う。性格がよくて結婚したんじゃないか、それをいまさら変えるとは何事だ。能力はいくらでも変えられるけれども、

性格は変えられないと思わなければいけないのです。それなのに、この能力を変えられないと思っているということは、能力をカチカチの入れものの容積のように考えて、ここへ何か入れると何かを取り出さなければしようがない、という考えがあるからです。

たとえば、いろんなことを手広くやりますと、広くなる代わりに薄く浅くなるだろうという。広さを考えれば薄くなる、浅くなる、ということは容積一定の考え方なのです。実は、そんなものではないのです。

能力というものはゴム風船のようなもので、プーッといくらでもふくれるのです。これをやれる、あれもやれる、何でもみなやれるのです。そうするためには、そこに内圧がかからなければいけない。その内圧とは何かといいますと、〝意欲〟というものです。意欲さえ出たら能力はいくらでも増すことができるのだ、という確信を私は持っています。

くり返していいますけれども、まず個性は尊重する。これは変えられないものだから、ありのままの個性をいいほうにいいほうに読みかえる以外にない。と同時に、その人の能力を高めるために、その人の意欲をますます燃やさせる必要があるということです。

動物的欲求、人間的欲求

南極で越冬するにあたって、いちばん大事なのは隊員、つまり人間関係の問題です。これだけはしっかりと頭に置いておかなければなりません。

どう想像してみても、南極ではもう欲求不満のタネばかりです。欲求を満足させる方法はない。それではいったいどうすればいいんだ。ここに私のいちばんの悩みがあったわけです。

まず、欲求とはいったい何だろうと考えてみました。そして結局、動物的な欲求と、人間的な欲求というものに分けてみることにしたのです。

私が、いまとても満足させることはできないといっている欲求とは考えてみるとどうも全部動物的欲求である。動物的、人間的というのは——人間も動物ですけれども——他の動物も持っているという欲求を動物的、人間だけしか持たない欲求を人間的、と定義づけての話です。そうしてみると、いまとても満足させられないというのは全部動物的らしい。考えてみると野郎ばかりですから、性欲などということをなんのかんのいわれても、それはどうしようもない。食べ物は、これも限られているのですから、どうせ満足のいくわけがない。そういうふうにひとつひとつ考えていくと、かなえられないと思えるのはどうも動物的のほうらしい。そこでそれを補うのになんとか人間的欲求だけは徹底的に満足させれば、きっと動物的欲求も我慢してくれるだろうというふうに勝手に決めてしまったわけです。

しかし、そういうふうに分けたときに、では人間的欲求とはいったい何だろうか、ということになってきました。動物的欲求はわかります。ほとんど全部、自分でも自覚できる性質のものです。腹がへったということがわかる、それなら飯を食ったらいいというふうに自覚できる。したがって対策というものが自分でちゃんと立てられる。けれども、人間的欲求はそうはいきません。何だかわからないのです。わからないということが特色なのです。何だかわからないけれどもおもしろくない、というのが人間的欲求の不満の特徴なのです。

人間的欲求がかなえられないと、どうも何かしらないがおもしろくない、というんで人間がついクサる。自分でもわからん。人もわからん。そこへほんの一握りの極端なことをいう人たちがあらわれてきて「それはお前、月給が少ないからおもしろくないんだろう」というと「そうだそうだ」という。わからんから「そうだそうだ」っていってしまうんです。また誰かが「それは会社が悪いんだろう」「そうだそうだ」「それは政府が悪いんだろう」「そうだそうだ」何でも、わからないからそうだという。わかっていたら「そうじゃない」といえるのでしょうが、わからないから「そうだそうだ」になってしまう。

越冬隊員がこういう連中だったら、これは全学連よりか「そうだそうだ」のほうがこわい。

私は徹底的に研究してみようと思いました。わからんわからんというけれども、わからんじゃ困るので、わからせるようにして、これを徹底的に満足させるようにする。そうすれば、動物的な欲求が満たされなくても、何とか我慢してくれるだろうと思ったわけです。

働く人には考える余裕を

人間の意欲はどこから出てくるのか。

〝考える〟という人間の本性を、出してはいかんというふうに、押さえつけてしまうと、人間というものは、非常に不愉快を感じ、また、その仕事をやっていることが、いやになってきます。だから、仕事を楽しませようというか、仕事というもの自体に、意欲を持たせようとするのなら、どうしても考える余地を与えておかなければいけないわけです。

では、どういう考え方の余地を与えるか。たとえば、組織というものは、いろいろなものごと、目的を達成するためにあるわけです。そのためには組織上の分担、会社でいうと職制によって、それぞれのやるべきことを明確にするのです。いわゆる目的の分配、と私は名づけておるのです。こういう大目的、何のために会社はあるのかという目的を分解していくと、この部は、このセクションは、何のために存在しているのか、いいかえれば、何をするのが本質的なファンクションであるのか。またそれをさらに分解して、その部門にいる一人一人は何をするのが本質的な問題であるのか。というふうに、ずうっと目的を追求していきます。そしてこの目的をはっきりと一人一人にわからせるのが職制の義務です。しかし、この目的を達成するための手段は、各自の自由である。このことがいちばん大切です。

つまり、そこに考える余地を与える。手段方法についてのみ与える。しかも、それをある制限のもとに与える。そこで考える自由の度合いが問題になってきます。与えられた人は、与えられた自由の度合いの分だけ、責任を感じ、その責任をとった分だけ、意欲を感じる。意欲を持てば、その人はそれだけ能力が増してくる。能力を増すことによって、向上心という人間の本来持っている人間らしさというものを満足させることができる。

この与える度合いは、段階的に多くすれば多くするほど結構で、そうすればそれだけ責任も重くなるし、意欲も高まり、能力もますます増えていきます。そして向上心も満足されていきます。ここに一つのサイクル理念があるわけです。そういうものを、われわれはプロモートしなければいけない、ということになります。

また、こういうプロモートさえすれば、そこに意欲のもとが出てくる。という非常に割り切った考え方を、私は持っております。

日曜日は休みにしてくれ――意欲のもとは自発性――

南極越冬中、隊員はみんな非常によく仕事をしたものです。驚くほど仕事をしたものです。極端にいいますと、よくもこれだけ仕事ばかりしているな、と思うくらい仕事をしました。しかし、それは決してお金で釣っていたわけではないのです。

なぜかといったら、昭和基地では金で人を釣ると思っても一文も金はいらないのですから釣れません。一年間、一文もお金にさわらずに暮らすということは気持のいいものです。たばこを買いに行くこともない、電車に乗ることもない。人を金で動かそうなどと考えるのはとんでもない間違いです。それなら、働かなければ食うべからず、という罰則を決めたかといえば、そんなこともやっていないのです。だいたい食うということは基本的人権です。隊長といえども、人の食うか食わんかということを押さえる何ものもないわけですから、食うべからずも、へったくれもないわけです。

それなら、罰として便所掃除を命じようかと思ったところで、どうせ働かん者に便所掃除を命じたって働きはしないのだからうまくいかない。それなら権力で押えつけるか、といってもそれもよくありません。

それよりか、仕事をするには、自主的な力がなければならない。あるいは自発的なものでなければならないわけです。

ある日のこと、隊員が私のところに「日曜日は休みにしてください」といってきました。

「よし、それなら日曜日は休みにしてもいいと思うが、ここでは日曜日なんて意味ないんだぜ。文部省があるわけじゃなし、銀座があるわけじゃなし、何にもないんだから、嵐の日は休む、天気の日は働くというニコヨン流でやればいいのであって、そんなものは関係ないだろう」といったところが、「やっぱり暦の上に赤で日曜と出ていると、休んでいただかないと困ります」というので、それなら休むことにしようということになりました。

日曜日になりました。みんなどんなふうにするかと見ていましたら、いつもと同じようにちゃんと仕事をしているのです。ひがみ目かもしれないが、かえっていつもよりよくやっているみたいなのです。

晩飯のときになって、

「諸君が、日曜を休めというので、日曜をちゃんと休みにしたというのに、いったい今日は何しているのだ?」

「いや、今日は休みです」

「休みって、君たちは一生懸命仕事をしていたじゃないか、あれでも休みか」

「ええ、休みです。隊長、あなたは今日は命令しなかったでしょう。命令のない日は休みです」

というのです。

なるほどそういわれてみると、今日は何も命令しなかったことはたしかです。

「それなら君たちがやっているのは、何でやっているのだ？」

「私たちは自発的にやっています。自主的にやっているので、何も命令されたからやっているんじゃないんです」

とこういうわけです。

そういわれてみると、こういうことがありました。

佐久間君という男が通信士でして、通信士はたった一人しかいない。ほかの人たちはトン・ツーができないのです。他の国の基地は、みんな二人か三人、あるいはそれ以上の通信士がいるわけですが、佐久間君は一人で交信せねばならないのです。四六時中いつなんどき電報が入って来てもそれを一人で受けなければならない。ですから彼は本当に文字どおり寝もやらぬわけです。しかも日本の報道関係者からは、早く記事送れ、記事送れといってくる。文部省からもいろいろいってくる。よその国の通信士にはないロードが佐久間君にはワンサとかかってくるわけです。

その佐久間君が、ある日

「西堀さん、ひとつアマチュア無線やらしてください」

というのです。

「君は何をいっているのだ。いまでさえこんなに電報をワンサカ打ったり受けたりして、そこへもってきてまだやるというのはとんでもない、やめなさい」

「それは機械が惜しいんですか、私のからだが心配なんですか」

「決まっているじゃないか、君のからだのことだ」

「ああ、からだのことでしたら隊長、あなたが何も心配することはありません。医者にまかせておけばいいです」

私はさっそく医者を呼んで、

「この佐久間君がアマチュア無線をやりたいというんだが、からだが心配だ」

と話しました。

「いや、やらせてごらんになったらどうです。そのかわり私が徹底的に彼の健康管理をやります。ちょっとでも悪いところがあったら、すぐ隊長に知らせますから、安心していただいて結構です」

そういわれたら仕方がないので、やらせることにしました。

それから数週間たって佐久間君は私のところへきて、

「隊長、おかげさまでアマチュア無線をやっておりますと、疲れがどんどん直ります。公用通信を打っているとどんどん疲れますけれども、アマチュア無線を打っていると疲れが直ります」

「何をいってるんだ、物理的にどこが違うか証明してみたまえ」

「それはできませんね。電波は同じように出ているのだし、別にキーをきつく力を入れて押しても、向こうでよけい出るわけでもないんですからね」

公用通信ならどんどん疲れますけれども、アマチュア無線で自分でやっているほうは、疲れがどんどん直りますと、勝手なことをいっています。

しかしこれが人間なんです。片一方はやらされていると思うから疲れるので、もう一方は自分でやっていると思うから、ちっとも疲れない、それどころか疲れが直る。つまり自発的にやるというところに、非常な意義があるわけです。

人間的欲求というのは自分で考えたように実行したときに満たされるものです。

リーダーたるものは、外に向かって絶対の責任を持っている

リーダーというものは、いかなる理由があっても、外に向かっては絶対の責任があるということを忘れてはならないのです。

たとえば、越冬中の南極で隊員の一人が凍死したというようなことがあったときに、「あいつには、毎日毎日気をつけろよ気をつけろよ、とあれだけいってあるのに、勝手に外へ裸で飛び出しやがって、勝手に凍《こご》え死にやがって……」

とはいえないところに隊長たる者のつらいところがあるわけです。

理由のいかんにかかわらず責任がある。

それを、何の責任もないとか、誰の責任だとか、そういうことは一切いえないというところに、リーダーたる者のいちばん大事な点があるのです。

そのくせ、内に向かっては、前にも書きましたように「隊長、今日は命令がなかったでしょう、だから今日は休みっていうわけです」こんなことといわれて、私は日ごろよほどゴ

テゴテ命令していたな、と反省させられましたから、よしもうこれからは何も命令がましいことは一言もいうまいと考えました。

外に向かっては絶対の責任があって、内に向いては何もいえないのでは、こんな割の悪いことはありません。

しかし、仕事の目的というものと、それを達成する手段というものとは、これはきっちり分けておくべきである。そうして目的は絶対であり、隊長はそれを与えるべきものである。しかしその手段は自由である。

それをはっきり分けることをせず、私はその手段にまでゴテゴテいっていた。だからいかん。みんなに自由を与えなければいかん。

けれどもそれは、目的のためには手段を選ばないということではありません。自由というものの背景には、必ず制約とか制限とかがあるわけです。

逆にいえば、制限あっての自由で、自由があるためには制限がなくてはなりません。制約なきところに自由はない。制約にもいろいろあります。自然の法則という制約がある。自由だから裸で飛び出してもいいかというとそうはいかない。裸で飛び出したら一ぺんにカチッと凍ってしまいます。しかしこの法則を利用してわたしたちの生活を豊かにすることは自由にやれます。また昭和基地には食い物など物資からくる制約があるのだから、いくらここでうまいものを食いたいといっても食えない。しかし料理の仕方は自由です。あるいは、たった十一人の隊員ですが、十一人であっても、人間同士の制約というのは当然なければならないわけです。

倫理道徳というものはどこに行っても必要です。内地にいるときに、私たちの越冬中にはどこの法律でいくかということが問題になりました。法律の先生に伺いましたら、それは日本の法律だとこうおっしゃる。それならそうしましょう。しかし日本の法律って何ですかと聞いたら、六法全書を持って行きなさい。というから、そんなことといったって、ぼくは六法全書を実は見たことがない、見方さえ知らないのだからしようがないと思ったのですが、いやそれでも持って行けといわれ、わざと忘れて行きました。

けれども、越冬中の倫理道徳のほうは決めようとみんなにいったわけです。

昭和基地における善悪の基準は人に好かれることが善、人にきらわれることは悪、どっちかわからなかったら相談したらいい、それでおしまいです。

だから、立ち小便をしても、それはなるほど六法全書を見たら、軽犯罪で何円以下の罰金と書いてあるかもしれませんが、そんなことは知ったことではないのです。みんながいやがらなければそれでいい、少なくとも悪ではないですね。

そういうようなわけで、私は自由というものに対して、人さまの自由を尊重できないような人間には自由は与えられない。つまり人さまの自由のほうが優先すると思います。

みんなで酒を飲んでいるときもそうです。人さまの自由を妨げてはいかんので、いっさい人には酒をついではならないことにしてあります。人に酒をつぐということは、人の自由を妨げていることですから。ところが習慣というものはおそろしいもので、とっくりを持つと、ヒョイとつぎたくなるのです。フッと気がついて、そこへとっくりをおきまして、「酒はここにあるよ」これが限度です。つまり、人の自由というものは妨げてはいかん。そのかわり自分で手酌で飲むんなら、いくら飲んでもいいと、こういうことになっているわけです。

統率とは暗示である

私はかねがね、統率するということは教育ということと同意語である。教育ということは、さらに暗示ということと同意語である。だから暗示がどういうものであるかということを十分よく知っていないと教育をしても効果はない。したがって、教育しなかったら統率なんてことはあり得ない、こういう考え方を持っています。

もしかりに暗示学というものがあるとするならば――私も別にそのほうを専門に勉強したわけではありませんけれども――暗示学の基本は否定語を使わないことのようです。全部肯定語でやるわけです。これが秘訣です。

女房なんかが子供をしかるのを見ていると、落第もはなはだしい。否定語ばかり使い、「だめじゃないの」といってしかっているのです。「だめ」というのはもちろん否定語です。「だめじゃないの、もっと勉強しなければ偉い人になれませんよ」みんな否定語が続いているのです。これでは子供たちはむしろ反撃に出て、だれが偉くなんかなってやるもんか、ということになります。だからそういう否定語を使った暗示では偉くなってはいけないという暗示なのです。それではどうすればいいかといえば、否定語を使わなければいいのですけれども、そうかといって、「勉強しなさい、そうしたら偉い人になれるよ」というのでは、これは〝たら〟というのが入っているからダメです。〝たら〟というのは、勉強したらという仮定であって、これはやはり否定語の一種なのです。

そうじゃなくて、暗示というものは、必ず成功の可能性を断定することが必要です。

子供の場合でしたら「お前は偉い人になれるぞッ」というのです。〝なれる〟というのは可能性が入っています。しかも断定語です。それには勉強しなさいよ、とこういういい方になってくるわけです。

しかし、これでもまだ暗示学のほうでいうと、やっと及第点で、満点とはいえません。なぜかというと、いまあなたが家へ帰って、さっそく子供さんに「オイお前は偉い人になれるぞッ、勉強せいよ」というようなことをいっても「パパ、なぜなれるの」と聞かれたら、それを裏づけするものがないでしょう。だからちっとも効果がない。

いちばんいいのは、チャンスを待つことです。必ず暗示を与えるべきチャンスというものが出てきます。それは、その本人が求める心とでもいいますか、受け容れる心を出す、その瞬間がある、その瞬間をつかまえてグッと入れたら、ものすごい暗示になるのですね。

たとえば、うちの子供の例をとってみますと、日ごろ落第点ばかりで、六〇点以下しかとってないのが、たまにまぐれあたりで六十五点くらいとってくることがあります。及第点です。そのときに「オッ、お前できるじゃないか」といういい方ができるわけです。自分でも、今日はいつもよりかできたぞと思っているのです。胸が開けかかっているところへ、「できるじゃないか」といったら、自分でもそうだと思うわけです。そして勉強すればできるのだ、勉強しよう、という気になります。

私はこれは非常に効果的だと思います。

これから若い人たちをいろいろ教育するうえにも、そういう暗示の与え方というものを、ひとつ徹底的に勉強していただきたい。

共同の目的をみんなで寄って果たしましょうぜ

「人が人を使う」という思想は、これから先、日本がほんとうにちゃんとやっていこうという場合には、捨てなければいけないと考えます。

「そんなこといったら、組織は成り立たんぞ」とか、「そんなこといったら何も仕事なんかできっこないぞ」とか、いう人がありますが、これは明らかに昔の奴隷制度の名残りです。

私は、そうではなくて、共同の目的をみんなで寄って果たしましょうや、という考え方なんです。いわゆる「チームワーク」という言葉を使うのは、そこにあるわけです。チームワークというのは、小集団でなければできないものです。だいたいスポーツでも何でも、そう大ぜいということはめったにないわけです。五、六人くらいの小さいユニットを考えるのです。その小さいユニットをだんだん積み重ねていく。たとえば小さいチームがたくさんあるとして、そのチームのリーダーだけ集めたもう一つのチームをこしらえる。そしてこのチームのリーダーは、その中から決めてもよし、ほかの人がやってもいいが、ともかくリーダーができる。またそのリーダーたちが一緒にというふうに、最後には重役会というチームになる。そういう組み合わせ方を、ひとつ頭の中に描いてみてください。

そうしますと、先ほどいった「共同の目的をみんなで寄って果たしましょうぜ」ということは、少なくともこのグループの中では少人数ですからいえるはずです。ただひとつひとつの守備範囲が変わるだけのことです。これをだんだん積み重ねていけば、大きな集団を考えることができます。これが理想的に動くことが大事です。

さきほどいったチームワークというのは、このひとつのグループの中でできるのですが、そのリーダーは、そのグループに対してはリーダーですけれども、ひとつ上位のグループに対しては、メンバーあるいはフォロアーということになるのです。だから、よきリーダーたらんとする者は、よきフォロアーでなくてはならないという一つの原則が、ここに成り立つのです。

はじめに、人が人を使うという考え方は捨てなければいけない、といいましたが、これは、リーダーがほかの人を使ってやってるんだということではない。みんなが一緒に共同の目的を果たしましょうぜ、ということなのです。

共同の目的に向かって個人能力をフルに発揮

私は「人が人を使う」というのは、昔の奴隷制度の名残りのような気がして賛成できません。

これがなければ組織の運営などできないと考えるのは、労使という二者対立の理念を基本とする、欧米思想に対する劣等感からきているのでしょう。

私は、最先端の人たちの小集団活動《チームワーク》を中心として、これがうまく運営されるように仕組むことを得意としています。それにはまず、小集団として、何を、どれだけ、いつまでに仕上げるかというような「共同の目的」というものを、メンバー全員にはっきりさせたうえで、「みんな（全員）でこの共同の目的を果たしましょう」ということを十分納得させます。この共同の目的は組織の持つ大目的から、分割、分配されてきたものですから、従来の「命令」というものに匹敵する絶対性のあるものでしょうが、むしろそれは、組織の大目的をよく理解したうえでの「納得した絶対性」とでもいうべきものでしょう。

これを、全員の協力で果たせば、組織の大目的が成り立つわけです。

しかし、それを果たすための手段は、それぞれの小集団にまかせるのです。そして小集団のリーダーは、次にメンバー各自の受持ち、役割、分担を決めます。これは小集団の共同の目的のメンバー個人への分配ということになります。

しかし、「共同の目的をみんなで果たそう」ということが主体ですから、各自が受け持った仕事については、全責任を持つが、それだけでなく他の人の仕事にも無関心ではおらずに、いつでも援助、協力する心構えが必要です。ここに各自別々ではなく、強い一体感のもとに共同の目的を達するため、各メンバーが相手の個性を尊重し、自分の能力をフルに発揮することができるわけです。

それには、各自の仕事の目的（ここでいう「目的」とは単なる「目標」ではありません。何のためにやるのかということが土台になっているのです）、すなわち何のために誰々は何を、いつまでに、などという「期待する結果」を明示し、その達成を強く要求したうえでその達成のための手段、方法は、その担当者の自由であることをよく理解させます。

もちろん自由というものは、多くの制約のもとにあることはいうまでもありませんが、自由が高ければ高いほど、それだけ深く、重く責任を感じ、責任が重ければ重いほど意欲が高まり、意欲が高まれば高まるほど能力が発揮され、能力が発揮されればされるほど、次の仕事に、より高い自由度が与えられるということになります。

このようにして成功の味をしめることによって生じるポジティブ・フィードバック・サイクルが、ドンドン加速度的に能力を高めていくのです。

このようにして仕事のしがい、生きがいができ、そして仕事を楽しみ、仕事を趣味のように考え、しかも心の奥底から生ずる強い意欲によって、仕事の質も量も、グングン高まっていくのです。

私は、このような自発的意欲をもとにした、仕事への愛着と、それを促進する人間性尊重の社会的環境がつくられてこそ、将来、日本が世界の産業界、経済界に生き残ることができるのではないかと思っています。

お互い、やっていることに無関心ではだめ

昭和基地での越冬中、それぞれの担当者の考えに対して、ほかの隊員がみんなで遠慮のない意見を述べて議論をするのですが、それはあくまで参考で、どういう手段で実行に移すかは、担当者の自由な考えにまかせます。

けれども、その人にまかせたからそれで終わりというものではないのです。

外国ではすべて物事を対立的に考えるところがあります。自分とほかの人の間には、ハッキリとした境い目を設けます。

しかし、日本のよさというものはどこにあるかというと、自分は与えられた仕事だけしておればそれでよろしい、機械屋は機械のことだけやっておればよろしい、というように

考えないということではないでしょうか。

つまりそれはチームワークから出てくることなのですが、共同の目的のために一緒に働くものはお互いにほかの人がどういうふうにしているか、ということに無関心であってはならないと思っているところにあるのです。

だから、この人にまかせた、この人の自由にやってもらう、この人の責任でやっているんだ、といいながらも、ほかの人はみんなこの人のやっていることを常に気にかけている。つまり無関心ではないということです。常日ごろは何もいわないのですが、ほんとうにいけない、ほんとうにあぶない、ということになったときには、みんながそれを助けて、そうならないようにしてやる、というところによさがあります。日本人ならそうするに決まっているのです。外国では、人のことはかまってはいかん、自分のことは自分のことだ、ほかのことは知らんという。しかしそんな砂利を集めたようにものであってはならないと思います。

そこがチームワークの大事なところです。ほかの人のやっていることもちゃんと関心を持って、そしてお互いに絶えず気をつけているという、そのところが大事です。

隊長だけじゃない、みんな平等なんです。

主担当者、副担当者

日本山岳会のエベレスト登山隊は、一応の成功をおさめて帰ってきましたが、あのエベレスト隊は、誰かを頂上に立たせたらそれでいいのです。それが共同の目的です。

ここで大事なことは、各自分担を決めたから、当然ここに担当者ができる。かりに、私はテント担当者であるとします。そして、テントをはるということについては、私はリーダーと同じくらいの責任を持っています。

それならほかの人は、「あいつはテントのことをやってるのだ。おれは知らんぞ」といって横を向いておられるか。これは向いているべきではないし、向いておられない。ほかの人のやってることにも、ちゃんと気を配っている。その人は、私がテントをはっているのを見て、必要があったらいつでも手伝いに行くぜ、という心持を持っているわけです。やるやらんは別問題ですが。

すなわち、ことテントをはることについては、西堀が主担当者で、ほかの人全員、三人おれば三人全員が副担当者である、という考え方です。

時間が来たから主担当者たる私がテントをはりはじめますと、ほかの副担当者は気を配ってますから、私が「おい、誰それ、手伝ってくれ」といわなくても、誰かが、知らぬ間にちゃんとひもを引っぱったり、くいを打ったりして、手伝ってくれるわけです。まして私が「おい、すまんけどちょっと手伝ってくれ」といったら、なおさらのこと手伝いにくる。「おれ知らんぜ」とはいわない。

そういうのをチームワークというんです。

テントはりが終わる、こんどは炊事係の人が飯たきの準備にかかる。そうすると、いままでテント係の主担当者であった西堀は、こんどは副担当者となって、薪拾いに行ったりして手伝いをするわけです。

さっき、やるやらんは別問題といいましたが、これは、ものの考え方をいっているんです。

実際、一方の人も何かやっていて、その手を離したらバーンと爆発するというようなときは、手伝いに行くわけにはいきません。もちろん具体的にはいろいろ事情がありますけれども、こういう気持でやっていくことです。

議論というものはだいたい三種類に分けることができる

私たちの越冬隊員は、ほんとうによくこれだけ議論好きな連中ばかり集まったと思うくらい議論ばかりしていました。

夕食のときなど、一ぱいひっかけたあげく盛んに議論をするわけですが、その議論はだいたい三種類に分けることができます。

第一番目は、まったくの議論のための議論です。これはもう、玉子が先か鶏が先かというようなもので、結果を期待していないのです。時間のむだだと考えられるかもしれませんが、私はそうは思いません。むしろ私はこれを奨励したのです。どうしてかというと、お互いの個性が実によくわかるからです。これは、チームワークをとっていくときに、リーダーとしての私が隊員一人一人の性質を知るということだけではなくて、各自がそれぞれの性質も自由自在にしかも十分によく知るということが非常に大事なのです。すなわち議論するということによってお互いの個性を理解し、それを認め合うということです。だからいよいよ時間が来てもう幕を閉めるというときも非常に簡単です。「ワッハッハッハッ、終わり」と、何も答えを期待していないのですから、時間が来たら終わりです。

第二番目は目的に関する議論です。

何のためにこの仕事をせねばならんのかという議論です。しかし、私たちにはすでに、何のために越冬するのかという共同の目的はちゃんと決まっているわけです。私たちはこの共同の目的にむかってそれぞれ仕事を分担しながら進んでいるのですが、その分担をどういうふうに振り当てるかということは、隊長たる私の責任において行なうわけです。この関係はもうすでに互いに納得していることですから、いまさらに議論の余地はありません。だから議論しているのは、どうせ枝葉の問題なのですが、議論すればするほど、この間の関係がいっそうよく理解されるわけです。

この議論のときの、隊長たる者の態度というものは非常に大事です。私は毅然として、ちゃんと制服制帽を着て、おれたちの越冬目的は何であったかという錦の御旗をデンと持って、一歩も譲ってはだめです。そして、とことん納得するまで議論するべきです。いいかえるならば、絶対という態度ですけれども、これは納得した絶対です。

つまり時間が来たら、最後は私が、おれたちの越冬の目的は何であったか、それを考えてくれというふうに、共同目的というものを錦の御旗として、あたかも私がその意味では神であるかのごとき態度で、ビクともせずに、その目的だけはピシャッと納得するように持っていくわけです。これがこの議論の幕を閉めるときのコツです。

第三番目のものは、目的を達成する手段についての議論です。

担当者がすでに決まっていて、その担当者がみんなにその手段を打ち明けるところから始まります。私はこういうやり方で、こうしてやろうと思いますといい、それに対して隊員がみんな寄ってたかって、そんなことをしたらだめだ、それはうまいことといかないぞ、けがするぞ、失敗するぞ、能率も悪いぞ、といって議論をはじめます。

そのとき隊長たる者は、今度は制服制帽を脱いでしまって、隊員と同じレベルにおいて、裸になって議論の中に入っていきます。

いい意見を出す人、悪い意見を出す人、いろいろです。けれども、この議論で大事なことは、主体性はあくまで担当者本人にあり、他の人たちの言葉は、参考意見にしかすぎないということです。

ですからいよいよ時間が来て幕を閉めるときには、こういう閉め方をしようと約束がしてあります。まず第一にその担当者からみんなに「どうも先ほどからいろいろご忠告やらご意見をいただきましてありがとうございました」とお礼をいうのです。続いて「つきましては、みなさまのご意見を参考といたしまして、私は私の責任においてやらしていただきます」とこういういい方をしよう。

つまり、自由が与えられたから全責任を持たしてもらえる。自由の与えられる度合いによって、責任の重さが決まってくる。

これが私たちの流儀です。

ここに意欲の出てくるもとがあるわけです。つまり人間としての創造性を発揮する余地があるのです。

能率ということ

越冬中、私が二言目には能率というので、とうとう「能率協会会長」というあだ名をつけられてしまいました。それはまんざら当たっていないこともない。実際私は、日本の能率協会に関係を持っています。しかし会長ではありません。隊員たちは、そんなことは知らないで、あだ名をつけたのです。

「能率、能率といわれるけど、いったい能率というのは何ですか」

という質問が誰かから出ました。そんなことはやさしい問いです。能率というのは、「目的を果たしながら、もっとも要領よく手を抜くこと」です。

目的は果たさなければいけない。しかし、目的さえ果たせば、途中のプロセスは、実はたいした問題ではない。日本では、途中の手を抜くことを、何か悪いことのように考えるかたむきがありますが、それはまちがいだと思います。目的よりも途中に手がこんでいるのを尊重するのは、職人仕事であって、現代の技術の精神とは一致しません。

働きたい、考えたい、喜ばれたい

仕事というのは単に働くということではありません。なぜなら「ジッとしておれ」といっても人間は動きたがる本性を持っているわけですから単に動いているということにすぎません。それは仕事そのものではないのです。

たとえばここに上役というのがいて、下役は上役のいうとおりに動けばいい。右向けといったらハイといって右を向き、左向けといったらハイといって左を向く。そういう下役は、人間ではなくて牛か馬と同じです。上役だけが人間、つまり一方は主人であって一方は奴隷なのです。こういう関係の中では、下役はほんとうに仕事をしているとはいえないのです。

人間と牛や馬、つまり獣《けだもの》とどこが違うかといったら、人間は考えることができる、つまり、人間には創造性がある、ということです。

この創造性ということのために、人間というものは楽しくやろうとしているわけです。それを、上役だけが人間で、下役は牛か馬だから、お前たちは何も考えなくてもいいのだ、おれのいうとおりにすればいいのだ、というふうにもしやったとするならば、下役はこの創造性のはけ口を、どこかに探すに決まっています。それがレジャーであったり、あるいは娯楽であったりするわけです。

何も娯楽やレジャーが悪いといっているわけではありません。仕事の中で押えつけられるからそっちへ逃げるというのはどんなものだろうかといいたいのです。勤め先で、いろいろ仕事の話をしてもシーンとしている人が、ひとたびマージャンとかあるいは魚釣りの話になったら、まるっきり人間が変わったようにイキイキとしてくるなどというのは、明らかにその人は仕事のうえで考える余地を与えられていない証拠です。

つまり牛馬扱いをされているわけです。ところが、それでいいではないか、創造性を仕事のうえで発揮しないでも、レジャーで発揮したっていいじゃないか、という人があります。その人は、仕事の報酬、つまり給料というものを、我慢をして仕事をするから、その償いとしてもらっているのだという考え方をしているのではないでしょうか。つまり、仕事というものはおもしろくないものだ、いわれるとおりに動いていればいいんだと、そういうことになってくるわけです。この考え方は全然まちがっていると思います。

私が東芝におりますときに、ある重役から

「どうだい仕事おもしろいか」

といわれました。私は

「ハア、もうおもしろくておもしろくて、研究を三度の飯より楽しくやっております」

とこう答えましたら、

「そうか、そんなら給料はいらんな」

ここにも、仕事というものはおもしろくないものだという前提があるわけです。それはとりもなおさず、考えること、創造性というものを認めていないということなのです。極端にいえば、その人たちは、人間というものの手と足だけ雇ってきたらよかったのだけれど、首から上がついてきたからしようがないというように考えているわけです。

動きたい、働きたい、考えたい、創造性を発揮しながら楽しく仕事をしたい。これが、牛や馬とは違う、人間的欲求です。

それから、レジャーというようなものでは肝心かなめのもうひとつのものが抜けています。それは人間の社会性から来ている、喜ばれたい、という本性です。

人間は一人で生きているわけではありません。このごろマイホーム主義とかいいますが、つまりこれは、奥さんがあり、子供があって、子供に喜ばれたい、奥さんに喜ばれたいと思って、一生懸命家庭をつくっているわけなのでしょう。ましてやそれが家庭ではなくて、勤め先の一緒に仕事をしている仲間、あるいはそのまわりの組織、あるいは国家、あるいは人類というようにだんだんひろがってきたらどうでしょう。結局、その喜ばれる範囲はちがうかもしれないけれども、要するに人間は、その本性として喜ばれたいという気持があるのです。
南極で越冬中、隊員はみんな非常によく働きました。何もほかに報酬があるわけではありません。ひたすら喜ばれたい一心なんです。一年間便所掃除をしますという男がいた。その男は一文ももらえるわけじゃない。ほかの隊員が、「奇麗になって気持いいなあ」というのを、フッと偶然立ち聞きでもしようものなら、これはもう効果満点です。あくる日からまた一生懸命やる。どうすれば喜ばれるかということを考えて、それで働いているわけです。

このように、働きたい、考えたい、喜ばれたい、人間性はこういうところにあります。これを生かしてやれば、意欲というものはますます強くなっていきます。それを手足をくくってしまって自由を与えないでおいて、そして責任を果たせ、責任をとれといっているのは、いいことではないのです。

「ああ、生きとる」

越冬中、隊員は実によく働きました。それは何だろうか、何を報酬として、みんなはそんなに働くのだろうか、と思ってみますと、ひとつには義務観念といいますか、「ねばならない」という観念がありました。もうひとつはやはり「感謝を受けたい、喜ばれたい」という気持です。この二つです。

気象観測を担当している隊員がいます。この男は、定時になりますと、どんな嵐の日でも、外へ飛び出して行って、気象観測をしなければならない。私は、「今日は天気がひどいから、もうやめときなさい」といったのですけれども、「いやどうしてもやります」といってきかない。もちろんまっ暗がりですから、命綱を張ってあります。彼はヘッドライトをつけ、からだじゅう防寒具で身をかためて、水の入っている魔法びんを持って行きます。外へ出たらすぐ凍りますから、水を持って観測に行くのです。

私の部屋に小さい窓があいていますから、その小窓から、私は外の様子をながめているのです。あたりはまっ暗で何もわかりませんが、ただ彼のヘッドライトだけが、チラッチラッと動いているのが見えるわけです。

私は、「ああ、まだ生きとるわい」とこう思っているわけです。もし、これがピシッととまってしまったら、これはもう救援隊を出さなければなりませんから、動いてさえいれば「ああ、生きとる」と思っているわけです。

彼は約三〇分ほど観測をすると、帰ってきますが、その短い時間の間に、もうほんとうに、彼の顔に雪がいっぱいついております。彼の顔には実に、自分の義務を果たしたその喜びといいますか、それがあらわれているわけです。神の姿というものはこういうものかな、というような気持がしてきます。

彼はとうとう一年間、ひとつも記録をとばさないで、きっちりと観測し続けました。優秀な男です。

私は、何も「やれ」なんていった覚えはひとつもないのです。彼自身が、自分でやったのです。

犬が〝フゥーン〟と感謝の唸をあげる

南極へは犬を二〇匹連れて行きました。

大きなナベに犬のエサをこしらえて、それはヘタをするとすぐ凍ってしまうので、凍らない間に犬のつないであるところへ持って行って、一匹ずつヒシャクでエサをやるわけですが、この作業は二人でやっても、とくに嵐の日などは生命の危険を感ずるほどのひどいものです。

ある大変な嵐の日でした。「もう今日みたいな日は、犬にエサをやるのはやめなさい。あの犬たちは、一日や二日飯やらんかって死にやせん。だから今日は、君たちの生命の方が惜しいから、飯をやるのはやめなさい」と私がいったのです。「西掘さん、あんたはそんなことおっしゃいますけれど、犬にエサをやると、犬が喜んで〝フゥーン〟というて感謝する。あの感謝の唸を聞いたら、そりゃ、やらざるをえんのです」

犬の感謝でさえも、彼らをして、一生懸命にならせるのです。

模倣の国から創造の世界へ

ふりかえってみると、日本が明治以来立派な国になって、今日の世界的地位を獲得してこられたということは、先輩のみなさんがやってこられた道が誤ったものではなかったということではないでしょうか。私はそう思います。

日本は明治以来、イギリス、フランス、というふうに、多くの国々から大変な援助を受け、頼ってきたわけですが、戦後になってまたアメリカに頼ってきました。しかしながら、今日ではもう頼るべき何物もない。こう考えると、日本の歩んできた、明治百年の歴史は、非常に有意義なことであったけれども、これから先はこういう態度で歩むというわけにはいかなくなってきました。

つまり、いままでは模倣の国といいますか、何でも外国から学ぶべきものがあったからこそ、それでよかったのですが、これからはもう学ぶべきものがなくなってきたので、日本人は日本人の足で立っていかなければなりません。

こうなると、どうしてもここに「創造の世界」というものに向かっていかなければならなくなってくるのです。

従来は、外国から学びとるべきものがあったため、自らはできるだけへりくだり、水が高きより低きに流れるように、いろんなものを日本へ導入してきたため、何でも日本でやっていることは悪いんだ、いけないんだというふうに、自分の国の欠点ばかりを指摘する。そして、それが行きついた到達点が、劣等感という形です。

私は、かねがね模倣という世界から脱却して、早く自立するような、あるいは自分で創造し独り歩きするような姿にならなければいけないと考え、終戦後の復興が始まった当時から、このことを唱え、叫び続けてきました。

しかも、私は、日本が法外にどの国よりも偉いんだという、そんなことをいおうと思ってはいません。やはり外国に学ぶものがあれば大いに学びますけれども、せめて劣等感だけはなくしたいと思うのです。

人間性の再認識

これからの企業、これからの日本、これからの世界は大きく変わっていくと思います。とくに、いわゆるコンピューターの発明以来、経営のやり方も変わってきたし、産業のあり方も変わってきたと思います。そしてこれから先き、まだまだ技術革新という意味のものは、ものすごく出てくるでしょう。

しかし、ここで私がいいたいのは、一方で非人間的なものがクローズアップされる反面、〝人間性の再認識〟ということが、これからの基本になっていくであろうということです。もし、会社の経営に、人間性をいささかでも無視するようなポリシーがとられるならば、その会社は間もなくつぶれるでしょう。

この意味からいっても、今日のいろいろな労働問題、学生問題などのあらわれは、一連のものとして決して無視することはできません。また、それに対して、臭いものにフタをするようなやり方では、決して物事はうまくいきません。私は、暴力は絶対に反対です。

いかなる理由があっても、暴力は許されない。しかし、何が彼らをしてそうさせるのか、その背景はいったい何なのかといいますと、人間性の問題と、関係があると思います。彼らには、何かしら欲求不満というものがあるように思われます。その欲求とは何ぞやということが問題なのです。

私はそれを、動物的欲求と人間的欲求の二つに分けて考えることにしています。動物的欲求というのは、おなかがへった、何か食べよう、眠くなった、床に入ろう、といった、自分でわかる、自覚可能なものです。しかし、人間的欲求というのは、自覚しにくい、自覚しない、あるいは自覚できない性質を持っています。つまり人間的欲求が不満足になると、何か知らないけれど、気がムシャクシャする。その理由が自分にもわからない。もちろん他の人にもわからない。ところが、これをそのままにしていると、だんだん気持が腐ってくる。これは恐ろしいことなのです。

人は何らかの意味で、組織の中で、上司、同僚、部下と一緒に仕事をすると思いますが、ことに部下を持っている人は、誰かが人間的欲求不満になったら大変なことになるぞ、ということを知っておく必要があります。

人間性とは創造性を発揮することです。

日本人と外国人は同じになれない

これからの十年は、相当むずかしい十年だろうと、私は想像しております。

その一番むずかしいことは、まず第一に海外の事情が非常に逼迫してくる。つまり、日本の産業が――いわゆる出るくいは打たれる――という状態になるのではないだろうか。もっといい方をかえますと、「なんだい、日本みたいな小さな国、しかもいままで教えてもらってばっかりいた国のくせに、なまいきな」という気持が、先進諸国から出てくるかもしれません。いや実際そうなっています。そうなりますと、いままでのようにただ外国の模倣をしていこうとしても、もう教えてくれなくなります。のみならず、反対にいろんな意味でやっつけられる心配もあります。

日本としては、これからまさに生きていかなきゃならないというときに、いったいどうしたらいいのか。私は、哲学というと大げさかもしれませんが、哲理とでもいうべきものを、持たなければならないと思います。すなわち、日本はどうしても外国にないものを築き上げていくしかないと思います。

いままでは、明治以来、製鉄のこと、金属のこと、あるいは技術など、すべてのことは勉強して教えてもらってきました。――それはそれとして結構なことで、とくに科学というものは、不偏妥当性がありますから、誰がやっても同じものができるわけです。技術もまたウソをついていたのでは、物はできませんから、これも結構ですけれども、こと人間に関するかぎりは、そう簡単にいかないのです。

日本人と外国人とは、同じになれといってもなれません。日本人は、洋服を着たり、頭を分けたり、ネクタイをしめたり、洋食をいくら食べたって、西洋人にはなれはしません。また、彼らの歴史と日本の歴史を考えても違うのです。それに現在の社会情勢も違います。ことにアメリカなどに行きますと、いろんな人種がひとつの国の中にゴジャゴジャいるわけです。

インドへ行けば、ご承知のとおり、カーストというのがあって、何でもかんでも、みな人種と仕事とはピシャッとくっついている。それに合うような仕事の仕組みというか、社会構造を基本にした哲理ができているわけです。

ところが、日本はそうではない。社長だろうが新入社員だろうが、みんな同じ日本語をしゃべっている。

しかしそこにちゃんとしたシステムがないのです。ここに問題がひとつ潜んでいるわけです。つまり、日本は日本の風土に合ったやり方、ものの考え方をしなければいかんということです。われわれは、われわれなりの哲理をここでひとつ築き上げる必要があります。

外国では責任者たる上役のいうとおり、働いて、いっさい創造性など出すことがないのですが、それでは仕事をする喜びも何もない。

保守と革新の組み合わせ

「いまどきの若いやつはどうもけしからん」というような言葉が、年寄りの間から絶えず出てきます。そして、断絶という言葉が流行しています。

私にいわせれば、断絶なんていうのは何もいまに始まったことではなくて、私たちの若い時分からずうっと、断絶、断絶、断絶が続いて今日まで来ているのです。物事というものは、決してそうスッスッといくものじゃなくて、常に断絶の世の中なのです。

世の中の発展というのは、常にスッスッと進んでいくような発展の仕方というものはあり得ようはずはありません。つまり水平な部分と垂直な部分とがある。ある期間は保守的なものをそのまま維持していく。これは水平な部分です。そしてある時期が来ると、何かいままでやっていたことではない事柄が行なわれる、あるいは起こっている。これはしいていえば革新的なもの、垂直な部分です。この二つが組み合わさって発展ということが行なわれるのだと私は考えています。

日本がここまで発展して来るためには、大なり小なりそういうものがあったにちがいない。革新というと、すぐゲバ棒を持ってワッショワッショやったり、あるいは暴力革命的なことを考える人たちがいるかもしれないけれど、私はそういう暴力的なものはいっさい否定します。

ことに、まず古いものをこわしてから新しいものを作ろう、という考え方をする人がいますが、私はそうではなしに、新しいものを作ったら、自然と古いものはなくなっていく、という考え方を持っています。

たとえば、いままであるものをガンガンつぶしてしまって、そこにテレビというものがあらわれてきたのではなくて、テレビというものがあらわれてきたから、ほかのものがなくなってきた、という考え方です。技術の発展というか、科学的な考え方というのは、まず古いものをガンと破壊して、それから新しいものをこしらえようなんて、そんなことは考えていないのです。

自分自身に対して勇敢になれ

人間的欲求不満には、いろいろ問題はありますが、その中で最も大事なものは〝創造性〟を発揮できないという不満です。

この創造性というものは、大昔から人間の本能として存在していたものです。いい方をかえれば、人間には〝創造性〟があり、動物にはそれがないという特徴です。

組織には社長から平社員まで、職務によって役割が分けられていますが、人間という意味においては、作業員も社長もみな同じです。脳細胞の数は、人間だれも変わりはありません。決して誰かが二倍も三倍も脳細胞を多く持っているわけではないのです。ただちがうのは、その細胞を結びつけるコミュニケータです。これは鍛えれば鍛えるほど、努力すれば努力するほどよくなります。ですから、誰でも今後の努力、今後のトレーニングによって、細胞の数は増えませんけれど、それを活用する線はいくらでも増えますし、また増やし得るのです。創造性というものは、そういう背景によってできあがるひとつの本能です。持って生まれたものです。ただその創造性をいかに発揮するかが問題です。

これから先、どんなに電子計算機が発達しても、創造性の重要性はますます高まります。

「アッチムケ！」「ハイ」

「コッチムケ！」「ハイ」

やれといわれたとおりのことをしていれば、一見気が楽で、イージーでよろしいようですけれども、その反面、その人は知らず知らずの間に欲求不満になります。それは、創造性というものが抑圧されているためです。そして、求めるものは何ぞやといったら自由、自由です。その自由というものは、創造性の自由、あるいは創造する自由、または創造性を発揮する自由というもので、人間はそれを本能的に求めているからです。その本能の抑圧に対する不満を解消するには、一人一人がまず自ら、自分自身がどうすればこの創造性を発揮できるかということを、徹底的に勉強し、努力しなければいけません。勇敢にやらなければだめです。それは人に対して勇敢でなく、自分自身に対して勇敢でなくてはならないのです。

閉鎖的専門家、開放的専門家

われわれはどうも物事を専門化するというか、あるいは何々屋とか何々家とかいう、からに閉じこもりがちです。この専門という言葉がまた非常に害をなしています。だんだんと専門が広がっていくということであれば、それは能力が増えていくということと同じなので結構なことですが、あれもこれもやれるというのは、どうしても浅くなる、ということをいう人もいます。しかし、それは容積一定と考えているからそうなるわけでまちがいです。また、狭ければ深くなると考えている人もいます。それは観念として考えているだけで、これも非常に悪いことなのです。実際はちっとも深いということではないのです。むしろそれは狭く浅いということです。

だいたい、大学を出ているとか、あるいは義務教育だけしか受けていないとか、そんなことは私にいわせれば全然関係ないのです。そんなことはほんのわずかなことです。まして や、電気の学校を出た、あるいは機械の学校を出たというと、それが一生つきまとって電気屋とか機械屋という看板があがる。人さまもあいつは機械屋というし、自分もおれは機械屋だと思って、そういう専門家になっている。ところがいけないことは、「君は機械屋だろう、だから電気のことなんかわからないだろう」「君は、機械屋だろう、化学のことはわからないだろう」と、機械屋という名においてその人を機械の中にだけ閉じ込めようとしていることです。

またその当人も、ウン、おれは機械の専門家だ、ほかのことは知らん、電気には弱いんだといって弱いのを自慢している。そのくせ、ほんとうに機械のことをよく知っているのかといったら、別にたいしたことはない。

もっと開放的な専門家でなければならない。なるほど中心は機械にあるかもしれないけれど、きちっと決められたものではなくて、横にいくらでも広げられるのだということです。もちろん、他人もそう思わなければいけない。自分もそう思わなければいけないのです。私のいう能力というのは、そういう意味の能力も含まれております。深さはもちろんのこと、幅も全部そうです。だから容積はいくらでも変えられるものと考えることが大事です。そのかわり、そうするためには意欲が必要です。しかも、これはほかからつけるものではなく、自分の本性として持っている。そういう内発的な圧力、やむにやまれない意欲というものを燃やす、またそそる必要があるわけです。

それさえすれば、能力というものは、いくらでも増えていくものです。

品質管理とロジック

私が最初に品質管理をはじめましたときには、日本では、まだどなたも品質管理というものをご存じなかった。

私も、実は東芝にいるときに、GHQの人がみえまして、

「あなたのほうで、品質管理をやっておるか?」

というから、

「うちは、品質管理のことは、第一に重要に考えてやっています」

といったのですが、そうしたら、その人は、

「それはよかった、それならひとつ管理図というものを見せてくれ」

「そんなものは知りません。うちはそんなものはやらなくても、ちゃんとやっています」

といいました。

「どうもあなたは新しい品質管理のやり方を知らんらしいなあ」

「そういわれてみると、どうも知らんらしいですな」

「日本国中知らんのか」

「私が知らんくらいですから、たぶん誰も知らんでしょう」

といわざるを得ませんでした。

そこで、ワシントンからいろいろな書物を取り寄せて、見せてくれるというのです。私と日本電気の西尾さんという方と二人だけで、GHQへその講義を聞きに行きました。

ところが、それは統計学なんです。

「これは統計学じゃないですか」

「それが新しい品質管理だ」

ということです。

私は、これは勉強しなければならないなと思って、一生懸命勉強をはじめたわけですが、その人たちのいっていることに、眉につばをつけながら話を聞き、また書物の、行と行の間を読むようにして、書いてあること自身には、せいぜい信頼をおかないようにもしたのです。

なぜかといいますと、実はそういう書物の中に、

「品質管理をやっておらんと、日本の電球のごとく、このように悪いものしかできないのだ」

と書いてある。

私は、その電球をこしらえることに関係していた関係上、人をバカにしていると思ったのです。当時、アメリカのウルオースというテンセント・ストアの人が来て、どんな品質のものでもいいから、ともかく安物の電球をこしらえてくれ、というので、安いこと、安いこと、電球の格好さえしていたら、何でもよろしいという注文だから、そのご注文に、ドンピシャリ合うように、最も悪いものをこしらえたわけです。ですから、われわれは最も品質管理をよくやっているのに、そんなものだけをとりあげて、やっておらんものの証拠はかくの如しと書いてあるのです。

しかも、またその文章の中には、こういう品質管理をしっかりやっているから、アメリ

カの兵器はいい。製品はもとより、あらゆる軍用に使う兵器は、みんな優秀である。と書いてあるのです。

私はそれを読んで、うそつけ、と思いました。戦争中に、焼夷弾がバラバラッと、六発、私の家に当たりましたけれども、それは全部不発弾でした。あれがもし本当にアメリカが、正しい意味での品質管理をやっていたとしたら、私の家はとっくに焼けています。しかし、幸い、彼らがいいかげんな品質管理をやっていてくれたおかげで、私の家は焼けずに助かったのみならず、後で、ご近所の焼夷弾を全部集めてきて、信管をカンカン、キーンと抜いて、それで風呂をたいたら、真黒けな煙をあげながら燃えて、私はけっこう風呂に入れたわけです。

そこに、非常に大事な意味があるのです。

つまり、アメリカのシステムというものを、私は、その前にゼネラル・エレクトリックに行って勉強してきたので、よくわかっているのですけれども、フォアマンというのがいて、このフォアマンという人から上は、これは人間である、というか会社の人である。そして、フォアマンから下は、外部組合の人で、これは人間ではない。牛か馬である。こういうひどいことはいわなくても、そういう気持があるのです。このフォアマンのいうとおり、お前らは動いておればいい。お前らは手足となって動けばいいのであって、頭など持ってきてもらわなくてもよかったのに、いらないものをつけてきやがって、というくらいの気持を、フォアマンが持っているということです。

こういう状態でやっていたら、この下の人たちは、決して魂をこめて仕事をする、ということはあり得ません。また仕事の鬼になるということは、少なくとも、このランクの人たちにはありません。社長やトップの人たちは、仕事の鬼になるかもしれないけれども、この人たちはなれない。まして、魂をこめて、などということはできっこありません。

アメリカの製品の、そういう意味の悪い点は、全部といってもいいほど、この魂がこもっておらないことから出てきています。これなどは、私は全部ノンロジックな面のあらわれと思うわけです。

さて、こういうふうに考えてきますと、結局、品質管理の問題にしても、それは、統計学の問題、品質そのものの問題、さらにコントロールという問題に、非常に重要な意味を持ってきます。したがって私は私なりに、コントロールというものの見方といいますか、そういうものを作りあげたわけです。

しかし、書物にしたり、日本で話をするときには、クウォリティ・コントロールといったのでは、ちょっと具合が悪いので、やはり品質管理という言葉を使っています。けれども、どうも管理という言葉は、大変かどがあるというか、統制的な意味を持っています。管理、監督をしなければならない。こういう意味がそこに生まれてくるのですが、この言葉は、どうも私の勘にさわるのです。

結局、それは管理ではなくて、コントロールである。だから、むしろ調節といったほうがいいかもしれない。あるいは、運転という意味にとったほうがいいのかもしれない、と考えています。

虎穴に入らずんば虎児を得ず――教えることと育てること――

日本はタテ社会で、終身雇用的社会です。ですから、社内教育は有効で、とくに昨今はその重要性が高まりつつあります。しかし、その教育のありかたには、いささか反省を要するものがあると思います。

アメリカにおける社内教育のような、ただ「従順」を要求するための、必要最小限度としての愚民教育を主眼としている教育は、日本では適当とはいえません。今後の日本における教育は、もっと自立、自主の能力を根底から増大するためのものでなければなりません。それが意欲のもとになり、生きがいのもとになるものなのです。

そのような教育とはどういうものでしょうか。

従来の教育には「教」はあっても「育」がありません。教師なり先輩なりが、教科書によって、「もの」の理を説き、知識を授けるだけのものでした。教えられるほうも、記憶力のある者が成績が良い、というようになってしまっています。

したがって、「知識」はあれども「智恵」はない、ということになります。知識を「応用する才能」というものは、教えられるものではなく、失敗を恐れずに修行をさせて、育てるものなのです。育てるとは、失敗の責任を授業料だと思って、引き受けてやることです。「学」は教えることができるが、「術」は育てることでのみ得られるものです。

育てるということは、自発性をそそることですから、他動性にもたれかかることを避けさせるようにしなければなりません。命令とか指導とかではなく、「激励」とか「暗示」とかが大事なのです。「激励」とは成功の可能性を認識させることであり、「おだてる」ということもその変形です。「暗示」とは成功の可能性を断定することです。これらはともに成功可能性の根拠をほのめかすようなチャンスを待っている必要があります。

育てるということは「成功」の味をしめさせ、「失敗」に学ばせることです。

育てるということは「調子に乗らせて」いやがうえにも、意欲を高め、それによって、能力を増大することです。

「調子に乗らせる」ということを悪いことのように考える人は、相手に正しい方向や目的を支持する能力を持たないか、相手の能力向上を嫉妬している人です。

このような、育てることによってのみ得られる能力とは、教えることで得られるものとは、ちがっているということを、よく理解しておく必要があります。

たとえば、次のようなことを考えてみて欲しいのです。

「理屈」がわかっても、「直感」がない。

「欲」があっても、「望」がわかない。

「組織」があっても、「運営」がうまくいかない。

知っちゃいるけど、行なわない。

ＩＥはわかっても、ＱＣの理念はわからない。

育てる心をささえるものは、

「君子危きに近よらず」ではなく、

「虎穴に入らずんば虎児を得ず」

の哲学なのです。

ネガティブ・フィードバック、ポジティブ・フィードバック

ここに一つのプロセスがあるとします。当然、そのプロセスには、インプットがあり、アウトプットがあります。

そのときに、このアウトプットを一定にする。たとえば品質を一定にしたいというような場合、――そういうときに、プロセスなり、工程なりにまつわる、あらゆるファクターを全部一定にしてしまったら、アウトプットは一定になるだろうと考える考え方がありま す。これをストレートな考え方ということにします。これが、従来から考えられている考え方なのですが――なるほど、すべての要因を一定にしたら、結果が一定になるという

のは、まちがいのない事実だろうと思うのですけれども、そんなことがほんとうにできるのでしょうか。

すべてはできないが、主なものができるのだ、といいますが、その主な、ということは、誰が、どうして決めたのだ、ということになってくると、なかなか、ややこしいことになってくるのです。

しかも、従来の考え方である、ファクターを一定にし、というのは、きわめて官僚的なものの考え方で、規則をこしらえて、その規則を守らせて、管理、監督をよくしてやりさえすれば、ちゃんとものをやるだろう、という考え方になってくるわけです。ですから、まず仮定として、ここにいる連中は、全部悪人である、怠け者である。そこで、悪人や怠け者のしそうなことを全部列記して、こういうことをしてはいかん、ああいうことをしてはいかんと決めて、それを全部守らせればそれでよろしい。どうしても性悪説がその背後にあるのです。こういうやり方をしていると、この人は何にも責任を負おうとしない、つまり、全部いいのがれのもとをこしらえているだけのことになるのです。

もうひとつ方法があります。それはいわゆるフィードバックの方法です。このフィードバックの研究というか、考え方を取り入れてきたのが、いわゆるＱＣのコントロールの考え方だと思うのです。

このフィードバック・システムですと、結果をにらんで、これをコントロールする、つまりフィードバックなんです。結果をにらんで、その基準と照らし合わせて、修正動作をしていく。逆にいくわけですから、これはネガティブ・フィードバックです。

たとえば、自動車を運転するときに、前のストレートな考え方なら、ハンドルをくってしまえ、アクセルをくってしまえ、何でもかんでもくってしまえ、そうやって一定にすれば、まっすぐ走るだろう、ということになるわけですが、ネガティブ・フィードバックのほうはどうかというと、前方をにらみ、右へ行きすぎていたら左へ切る。またその結果を測定して、左へ行きすぎていたら右へ切る、というふうにして運転するということになると思うのです。そうすればそのプロセスの責任は全部その人にかかることになります。つまり、そういう考え方をもっと導入しなければならないと思うのです。

前の性悪説に対して、こちらのほうは、もっと人間的な要素が入って、しかも、信頼にもとづいてやらざるを得ないことになってくるのです。

そのほかに副産物としていろいろなことが出てきます。結果を測定するのですから、これは結果に学ぶ、ということになります。いい方をかえますと、これは失敗に学ぶということになるわけです。

こういう考え方をもっと促進するということが、品質管理の考え方であり、また本当のものであると、私は解釈しています。

次にポジティブ・フィードバック、これがまた非常に重要な意味を持っています。実は創造性開発をやるときの、一番大きな効果的な方法は何だろうか、という検討をしました。その結果、それは、成功の味をしめさせることが唯一のトレーニングの方法だという結論に達しました。

つまり、ああだ、こうだ、といろいろ理屈をいい、発明物語の定石を覚えてみても、最後は、本人が成功の味をしめること以外にはないのだ、というわけです。

この成功の味をしめさせる、ということは、やはり結果に学ぶことのひとつで、しかも、それは、ポジティブ・フィードバックです。うまいことやって、こんどはもっとうまいことをやってやろうと思うのです。

そして、このポジティブ・フィードバックの中で、個々の単なる工程ではなくて、増幅作用をやってやる。こういうふうにしますと、ものすごいオッシレーションを起こすことになるのです。ちょうど、マイクロフォンをスピーカーの前に持って行きますと、ブァーッといってうなります。これは、出てきたアウトプットがマイクロフォンに入って、増幅されてまたスピーカーから出て行って、また入って、また増幅されて出て行くわけですから、ブァーッとなる。

すべて、世の中の爆発的発展というような意味のものは、必ずこういうポジティブ・フィードバックで、増幅作用が働くシステムになるはずです。

最近の公害問題の一つにしましても、会社の中の事情は、重役さんよりか、作業員のほうがよく知っている。しかもそういうものを秘密にしておけといったところで、じきに新聞社のほうへもれたりするものですから、ちゃんとフィードバックしている。そこへ新聞が増幅するものですから、パーッとひろがる。

すべてのエネルギーのもとというのは、ポジティブ・フィードバック・システムで、増幅作用の働いたものです。

いま、私たちは、爆発的な意欲を高め、生きがいを感じて、バーッとやらせようということになれば、当然、こういう成功の味をしめさせる、ということになります。

それをポジティブにするか、ネガティブにするかの問題だけです。

これからはフィードバック・システムの活用の世の中です。フィードバックは「結果」に学ぶことであり、結果には失敗と成功とがある。失敗したら次のときからは失敗しないようにと失敗に十分に教えられ、成功したらますます成功するようにポジティブ・フィードバックをかける。失敗を恐れていると成功の味をあじわうことはできないのです。

調子に乗らなければだめだ

創造性開発に必要な条件として、いわゆる「成功の味をしめた経験」というものが、一番重要な意味を持っています。

これはシステムの方からいいますと、ある意味での途中でアンプリファイヤーの入ったポジティブ・フィードバックです。もっと俗な言葉でいいますと「調子に乗らなければだめなのだ」ということです。

創造性開発をするような場合には、当人をして調子に乗せることが非常に大切なモチベーションなのです。このようにポジティブ・フィードバックでアンプリファイヤーすると、システムとしては、ものすごいハウリングを起こすような意味でのモチベーションとなり、爆発的な意欲がわき、いかなる困難にも立ち向かう勇気が出てくるようになります。そういうふうに人間を持っていかないことには、なかなか創造性というようなものは出ないのだと思います。

ところが、日本では「調子に乗る」という言葉は非常に悪い意味の言葉になっており、人をたしなめるために用意されているようですが、それが非常に大きな意欲のもとになって爆発的に意欲が出るのだということは誰しも認めません。

もうひとつ非常に重要なのは——たとえいい方向に向かっていても——その意欲が高まると、おのずからその人の創造性、能力がものすごく増えるということを、無意識に知っていて、「こんなことで、部下が能力を高めて成功すると、上役たるおれの立つ瀬がないぞ」というねたみの気持が「調子に乗る」ことを嫌わせるのではないだろうか、ということです。つまり、上役は部下よりも能力的に高いということを前提としているような立体組織とでもいいますか、いままでのように、人が人を使うというふうな態度での、いわゆる権威、権力とでもいいますか、そういうものは創造性開発ではもっとも害のあるものではないでしょうか。

したがって、これは組織として、あるいはまた仕組みとしてみた場合、いわゆる軍隊組織的なものでは、どうもうまくいかないのではないか、ということになります。創造性開発のために効果的な組織運営、それには、チームワークということを、もっとみんなで考えるべきです。チームワークというのは、チームが共同の目的というものをはっきり持っており、その共同の目的をみんなで果たしましょう、ということです。そのみんなという中には、上役と称する人ももちろん入っているし、きわめてデモクラティックな雰囲気の中において、みんなで十分創造性を出して、その共同の目的を果たしましょうというのです。それを前提として、そのうえで、あなたはこういうことを引き受けましょうや、あなたはこういう役割を演じましょうや、という格好に持っていきます。

しかし、そういう役割を決めたからといっても、責任分担をやかましくいいすぎて、お互いが何の関係もなく、自分の引き受けたことだけやっていればいいんだというやり方では、チームワークはとれません。だから、分担を決め、役割を演じるといっても、それぞれがほかの人のやっていることに対して非常に強い関心を持ち、気を配って、みんなで共同の目的を果たしましょうやというところにウンと重点をおけば、その役割というものは、むしろ便宜的にただそういう分担をしているだけであって「主たる目的は、みんなで寄ってやることにあるのだ」という空気を、醸成することになります。
研究や開発においては、そういう気持でやらなければ、うまくいかないと思います。
そういう中でこそ、創造性が育ち得るのではないかという、結論になるのです。

創造性発揮の原動力は意欲である

創造性というのは、目的そのものにあるのではなく、むしろ、その目的を実現するための手段というものは自由であり、ここに創造性を発揮する余地があります。しかし、目的には自由はありません。これは絶対です。

いままでは、会社は労働者を雇うとき、それは彼らの労働を買うのであり、労働者は会社に労働を売る、という考え方でした。私はそれはまちがっていると思うのです。もし、どうしても〝売る〟〝買う〟という言葉を使いたいのなら、それはその人の意欲を買うというういい方をしても結構です。私が、〝目的〟と〝手段〟の分離をやかましくいっているのは、その人の意欲を高めたいからです。人間の意欲を尊重することが創造性を発揮させるために一番大事なのです。

たとえば、私の家から東京駅までタクシーで行くとしましょう。

「八時までに東京駅へ行ってくれ」

この場合、東京駅へ行くというのは〝目的〟ですから、タクシーの運転手にはどうにもならんことです。これは絶対なのです。八時までというのは制約です。運転手は「よしきた」と、車を出発させました。そのときに私が「どの道を通って行くんだ！」「そんなのはだめだよ、ここをこうまわって、あの道を通って、ああして、こう……」と私がいったとします。

「いや、私はこっちが早いと思いますよ」と運転手君は頑張ります。

「ナニー、客は王様だぞ。王様に向かって何をいうか。おれのいうことを聞け、いうとおりにしろ」

なんていおうものなら、運転手は、

「そりゃあお客様は王様ですから、いうことを聞かにゃなりません。おっしゃるとおり行けばいいんでしょう。そのかわり遅れたって知りませんよ」

ここが問題なんです。自分の創造性をふさがれた運転手は、もう仕事を投げています。

それをそういわないで、

「私のいうことは、参考にしてくれたらいい。君は君の好きなように行ってくれたまえ」

といえば運転手の責任は非常に重くなってきます。彼は時計を見ながら、早く行ける方法を一生懸命考えるでしょう。大事なことです。彼は意欲を燃やしてやります。

世の中には何とまあ人の「意欲」を出させないようなことばかりたくさんあるのでしょう。

エジソン式とラングミア式

創造性というものには両刃のやいばのような面があって、使いようによっては非常に役に立つものになるし、逆に使うと破壊に主体をおくことになります。つまり、創造性ということは建設が目的なのですが、いままでなかった新しいことをするわけですから、それまでのものを破壊することになる、その意味で両刃のやいばです。原子力にしても、戦争目的、放射能の危険というものを非常に恐れるというのは、刀の片っぽうの悪い方を強調することになるのです。ですから、その創造性は、どう使うつもりの創造性かが問題になります。

いままでの古いもの、既成のものに対する不満というものが創造性と非常に関係があります。それは不満というものがひとつの圧力となって創造性を促進する面があるからです。私は、そういういき方をエジソニアン――エジソン式発明といっています。つまり、要求とか切迫感が先に出てきて、それに対する解決策として、何か新しい知識を要求するという形です。

もう一つ、ラングミアン――ラングミア式発明といっているいき方があります。ラングミア式というのは、新しい知識が生まれてきた、これを何かに使ってやろう、という形です。

新しい知識がまずあって、何か使い道がないかな、という方法です。エジソン式とは立場が逆です。

発見発明ということには、偶然性というものが大なり小なり入ります。ニュートンが、リンゴの落下するのを見たというように偶然性、あるいはフレミングがペニシリンを発見するときに、カビが培養基に混入したというような偶然性があります。したがって、そういうものを、いつ何日までに発見しろといわれてもできるわけはありません。しかも、そういう発見にはルールがないのです。ですから、そういうルールとかプリンシプルとかに慣れ切った人たちには、どうしてもエジソン式の発想法というものは出てきません。

一般に、よく能力開発とか、創造性開発とかいっていますが、エジソン式なのか、ラングミア式なのかをはっきりさせないといけないと思います。このエジソン式とラングミア式をごっちゃにして考えていると、両方とも促進されないで終わってしまうおそれがあるのです。

現在、大研究室を必要とする研究組織うんぬんといわれますが、それはラングミア式のものを要求されているのに、研究をしている人の心の中は、エジソン式だということになってくることがあります。発明のアプローチの仕方に、エジソニアンとラングミアンという、大きな二つの道があることを頭に入れておいた方がいいと思うのです。

化学ですと、これはものの考え方はラングミア式です。医薬品でいえば、コンポーネントはわかりきったものを混ぜてできあがっているわけです。ところがいまここで、抗生物質というものを考えて、ペニシリンのような抗生物質を合成してつくれ、といきなりいわれても、ペニシリンというものは偶然発見されてできたラングミア式によるものですから、そこには明らかに異なるルートがあります。つまり、エジソン式とラングミア式のちがいです。

エジソンというのは、新知識はそれほど重要ではない、小学校を出たくらいの人でいい、いわゆる街の発明家の発明は、大部分これに入ります。

学問のあるなしと、発明の能力とは別のものです。

創造性開発と心の自由

創造性開発において、「心の自由」というべき問題は、非常に重要な意味を持っております。

まず第一に、創造性開発では、インフォーメーションを集めるというのが非常に大切なのです。それは事実に基づくとか、事実から出発をすること、とかいうことが大切なのは、言をまたないところです。その事実というものを眺めるときに、先入観をもって眺める、あるいは自分で組み立てたロジックの上において見る、というような立場では、本当のことがつかめない。つまり虚心坦懐に、そのデータを集め、そしてそれを虚心坦懐に眺める、あるいはデータの語るところを虚心坦懐に聞かなければいけないものだ、というのが大事なのです。

つまり、創造性開発の、そのひとつの基本としての心の自由というもののうち、最初のひとつとして、虚心坦懐にものを眺める習慣というものが、非常に大事だ、ということです。

その「心の自由」というものの中で、もうひとつ大事なことは、〝捉われない〟ということです。

捉われることとの、一番大きなものは、過去の自分の経験なり習慣なり、あるいは既存の法則とか、ルールとかいった類いのものです。専門家というものは、一般にそのフィールドにおいて、いろいろなルールを知っていて、そのルールに従ってやるということが、専門家らしいやり方だということになるわけですが、むしろ専門家というものは、そのルールをたくさん知りすぎているために、かえって非常に捉われた心になりがちなので、むしろ素人のほうがよろしいということさえいわれます。あまり知らないほうがいいんじゃないか、ということになりますが、それでは事実上なかなかうまくいきません。それでは、一番良いのは何かということになりますが、それは、うんと知っていながら、それに捉われない人が一番良い。

専門家であることは結構なのですが、開放的な、あるいはまた自由な、少なくとも心の自由というものを持っていることが、非常に重要だということです。

それにはもうひとつ、権威の問題、あるいは日本人の持っている劣等感の問題、これを十分に開放しなければいけないのではないでしょうか。

捉われた心では何もよい考えは浮かばないのです。

〝ハゲ頭はガンにならない〟

単純作業に携わっていると、退屈することがよくあります。そんなときに、退屈を解消するどころか、生きがいを感じる方法があります。それは、まずデータを集めることから始まります。集めたデータを整理することによって、ひとつのルールを見つけていくのです。

たとえば、レーダー基地でブラウン管をじっと見ている人がいます。これは退屈です。目を離したらいけないですから、この人たちに、仕事の喜び、楽しみ、生きがいを感じさせるにはどうしたいいか。

あるアメリカ人がいったことですけれども、定期航空機が飛んで来ると、その像がブラウン管に映る。その定期航空機がどういうときに遅れ、どういうときに早くなるかを研究する。今日はいつもより五分早かったとか、今日は三分遅かったとかいうふうに記録をとって整理する。すると、晴天の日はこうだとか、雨天のときはこうだとかいうことがわかる。そこにひとつの統計的研究が完成され、新しいルールを見つけることができ、そこに人間の喜びを見出すことができるわけです。

もう一つの例をあげますと、もう新聞か週刊誌でごらんになったと思いますが、ハゲ頭と胃ガンの関係というのがありました。

頭のハゲた人は胃ガンにならない。この研究をした人は偉いお医者さんではなくて、手術室でお手伝いをしているような人としておきましょう。だから退屈だったんでしょう。

患者の頭を見ていると、ハゲた人がいた。手術のあとで、先生に「あの人の胃はどうでした！」と聞くと、「あれは潰瘍《かいよう》だった」、次に来た患者を見ると、頭は黒ぐろとしている。あとで先生に聞くと、「ガンだった」――こういうことをしばらく続けているうちに、ひょっとすると、ハゲと胃ガンは関係があるんじゃないか、と気がついて、ハゲ頭の分類を始めました。おそらくこのデータをとり、分類整理をしている間、この人はすごく楽しかったにちがいないと思います。

こういうのが統計的研究法なんです。

研究的態度で仕事をすることで、仕事への情熱がわき、単純さからくる「飽き」「たいくつ」から脱却して人生の生きがいが得られます。誰にでもできて、もっとも効果的な研究のやりかたは、統計的にデータを集め、刻々それの語るところに教えられるように解析することなのです。

創造性開発と環境

創造性開発という問題は、二面から考えるべきであろう、と私は思っております。ひとつは、本人というか創造性を実際に出す、創造能力を発揮する立場の人で、発案者とでもいうべき人。もうひとつは、それをとりまくところの環境とでもいうふうな、上役、同僚という人たちのかもし出すムードという問題です。つまり、本人と環境、この二つを分けて考えています。とくに、今まで各方面の委員会、研究会などというところで検討された問題は、どうも発案者本人のことだけに関係の深いことが多いようです。むしろ、環境的な問題こそ非常な重要性を持ちます。

もちろん、本人の心の持ち方、あるいは考え方というものが、非常に重要な意味を持っており、それが本体であることは、まちがいのないことなのです。それをどういうふうにしてプロモートしていくか、それが開発という言葉のゆえんであり、大へん大切なことなのです。

創造性開発というものは、ほかの人がそれを無理に引っ張っていって開発に持っていく、という強制的なものではない。それよりか、もともと誰でも持っている創造性の種とでもいう、素養とか能力とかいうものを、引き出すことなのです。引き出すといっても、いままでそれを妨げていたものを取り除くということで、やや消極的ではありますけれども、その方が本質のように思えるのです。

日本人は、はたして創造的能力というものが、あるのか、ないのかという議論があります。しかし、芸術とかあるいは文学とかいう面においては、十分創造性のある国民ですし、また技術的な面においても、本来十分な創造的能力を持っているのです。湯川秀樹氏や朝永振一郎氏などという方々は非常に創造性に富んだ方であればこそ、ノーベル賞をもらったわけであろうと思うのです。

ところが、ここにひとつ問題があります。それは、いまのお二人の理論物理学というのは、紙と鉛筆があればできる仕事です。川端康成氏の場合もやはり紙と鉛筆らしい。つまり、日本では、あまり費用のかからない、一人でコツコツやっていられるものはうまくいく。しかし、ほかの人や組織の力を借りなければできないこと、また、少し設備が大きくなったり、費用がかかりすぎたりすると、ちょっとやそっとではいかないのです。

創造的な考えがあっても、周囲の人がそれに協力するとか、育てるとかいうことをしないで、大姑、小姑がたくさんいて、ああでもない、こうでもないといってまぜ返したり、けなしたりして、だめにしてしまう。つまり日本人は創造能力がないとか、少ないというのではなくて、それを育てあげてモノにする環境がない、ということになるわけです。

私が、本人の考え方も大切だが、まわりの環境というものも大切だというのはこのことです。

そういうことから、とくにまわりといっても、上役といいますか、あるいはオルガニゼーションといいますか、予算を出す方といいますか、そういういろいろなまわりの整備が、日本ではやはり一番遅れているのではないだろうか。それがために、出るはずの創造性、能力というものが、みんな押さえつぶされてしまって、まず創造能力を出す勇気というものすら欠けてくる。そういうことからあきらめてしまっているということになっているのではないでしょうか。

さらに、そういうことがあると、成功の味をしめ、成功の経験を積むということが、非常に少なくなってくる。それがため、自分で創造性など出さずに外国の技術を採り入れた方が手っ取り早いということになり、技術者も自信を失い、日本の技術は模倣ばかりやっているということになる。

たまたまよい発明があっても、よくいわれるように、技術の外遊というと変な言葉ですけれども、日本で発明された研究開発が、一度外国へ行って、そこで育てられ評価されて、それではじめて日本ではびっくり仰天して、こんどは争ってその技術を買うというふうになる。

創造性開発の問題は、まわりの人の問題だ、というように強く感じます。

知恵は切迫感から——切迫感が創意工夫を生む——

日本の学校教育は、まだまだ良くならなければなりません。いまのままでも知識というものは十二分に教えているのですが、残念なことに応用のしかたを教えないらしい。

知識はあれども知恵はなし。知恵というものは知識だけではだめです。ここが大事なのです。アイデアとか、そのほかいろんな言葉が使われますが、みんな知恵と同じものです。

知識がないから知恵がないと思うのはまちがいです。知識はありすぎるほどある。毎日テレビを見る。テレビがちゃんと知識を与えてくれる。新聞、週刊誌、マンガ、みんな知識を与えてくれる。どうしてそれじゃ知恵が出てこないのか。それは相手がないから出ないのです。つまり男だけで子供を生もうと思っているようなもので、相手がないとだめなのです。

それは、切迫感というものです。切迫感と知識とが一緒になったとき、初めて知恵が出てきます。切迫感を感じなきゃ、知恵も生まれません。私がいつも「あきらめたらいかん」とか「できると思ってやったらできる」とかいっているのはこのことです。

では、どうすれば切迫感が感じられるか。責任感から切迫感が出てくるようになることが一番大事なのです。

私は越冬隊の隊長という責任者でした。だから私は、機械の専門家でも何でもないが、いざという場合、何とかしなければならんという気持は、ほかの誰よりも強い。いやでも応でも何とか知恵を出さなければなりませんから、そうなってくるわけです。

だいたい人は自分の責任を他へ転換したがるものです。これができないのは材料が悪いからだとか、上役が何とかかんとかいっているからうまくいかないのだとか、みんな責任をよそへよそへと持って行こうとする。このクセをやめる必要があります。私は隊長で、責任者であるから、どこへも持って行けない。だから切迫感も強くなるし、知恵も出てきます。

自分に与えられた仕事の範囲は、自分自身の責任と考え、何とかそれを良くしなければならないというふうにしますと、知恵が出てきます。

創造性開発と切迫感

創造性開発の中で案外忘れられているものは切迫感です。

どういうことかといいますと、いろいろの知識とか、条件は揃っていても、これは何とかしなければいかん、何とかしなければならん、という、いわゆる切迫感というものを、どういうふうにして持たすかが非常に重要なのだということです。

自分が仕事をしているいまの状況に対して、どうでもいいんだ、何とか結構いっておるわい、というあきらめの精神でいると、必要性とか、切迫感とかは起こらないのです。

つまり、切迫感というものは、自分の心の中の、ものすごい吸引力とでもいいますか、そういうものを内蔵していないといけません。そしてその必要性というものは外部からの諸条件によってできるものもたくさんあります。またそうでなければ、一人よがりになる心理もあるのです。

会社とか組織では、いろいろのポリシーから来る切迫感が、非常に望ましいことになります。

発明物語はおもしろくしてある

よく発明とかということをします。

これはひとつの創造性活動の技術面にあらわれた一例ですが、この発明というものが、いったい、どういうプロセスで、どういうふうにしてできるか、ということの研究などは、創造性開発の中でいちばん大切な問題です。それをよく調べたうえで、それを促進するにはどうしたらいいか、という問題へ進んでいくわけです。

発明のことについては、発明物語という意味の書物がいくらも出版されています。この発明物語を読んでみますと、なかなかおもしろい。つまり、こういうプロセスでこういうふうにして考えてきた、だから今後、みなそういうふうにして考えたら、ひとりでにいい考えが生まれるというふうな書き方で、いろいろ書いてあります。

しかし、それはあくまでロジックの面だけが書いてあるのです。いい方をかえますと、あとでそういう話をおもしろくするために、物語を作ったのです。物語ということですから、当然ロジックで進めて、こうしたからこうなんだ、ああしたからああなんだ、というふうにずうっとつなげて、そのとおりにお前もやったら大発明できるんだぞ、ということになるのだと思います。

たしかに、ニュートンの頭にリンゴが当たって、万有引力を発見したのかもしれませんけれども、私は、話をただおもしろくしただけだろうと思うんです。だから、誰でも、これからみんなリンゴ畑に行って、じいっとしていたら、そのうちに万有引力みたいなものが発見できるか、といいますと、そうはいかない。結局そこに、もっとノンロジックな、ヒラメキとでもいうような、インスピレーションとでもいうような、まだ解決のついていない面が必ずあります。しかし、それは物語を書くときに、うまいこと書けないので、それは省略したのだと思います。

田熊さんという人は、自分が水の分子か何かになったつもりで、パイプの中をずうっとくぐって歩くような気持でいたら、あの田熊ボイラーというのが発明できたのだ、と発明物語の中に書いてありますが、本当にそうであったのかどうかは、私にはわかりません。

人間は機械ではないから、物理や化学の法則だけでは生きられません。

ロジックとノンロジックの調和

創造性とはどんなものだろうか、といいますと、どうも、いろいろな事柄を、すべて論理のもとに解決しようとする考え方と、それから、もっと非論理的なものと、この二つがあると考えられます。つまりロジックとノンロジックです。

いまの世の中は、何でもかんでもロジックで片づけようとしすぎます。それは、ロジックというものは、まだまだ発展すべき性質のものですから、ロジックというものを、何も否定する考えは、毛頭ありません。しかし、ロジックだけでいけるというふうに考えることの恐ろしさを、私は指摘したいのです。

コンピューターひとつにしましても、コンピューターはロジックがなければ使えない、逆にいいますと、コンピューターにできることは、ロジック以外にはないわけです。

しかし、実際には、芸術であるとか、あるいは人間の感情であるとか、感覚であるとかは、その背後に、すべてロジックでは片づかない、ノンロジックな面が非常に多いのです。

そこで私は、このロジックとノンロジックの調和ということをいいたいのです。調和というと、何だかスタティックなもので、じいっとしているように見えるのですが、もう少し調和というものをダイナミックに考えてみますと、それがつまりリズムということになるのではないかと思うのです。

創造性というものも、結局、このロジックとノンロジックのリズムで生まれてくるのだ、私はそういう考え方を持っています。

魂などという問題はまだロジックでは解かれそうにありません。

提案制度への提言

提案制度を多くの会社で採用していますが、提案されたアイデアを、育てるという努力をする以前に、審査でふるい落としてしまう、ということが多いような気がしてなりません。

アイデアは、それを「育てる」ことに力を入れることの方がむしろ重要なのです。審査員は大物たるべきです。そして提案に対して、「そりゃあよい考えだ」と、何はともあれ賛同すべきです。それはほめているのではありません。自分自身に「育てる心」を起こさせるためで、それが「育てる」努力をさせることになるのです。

明治四三年（一九一〇年）に、南極探検を発想した白瀬中尉は、当時の技術力、交通、生活環境から見て、大多数の人たちから反対され、馬鹿あつかいされました。

そのとき、たった一人の〝大物〟だけが、「そりゃあよい考えだ」と乗ってきて、あの南極探検の偉業は達成されたのです。

その〝大物〟は、政治家で、早稲田大学の創立者でもある大隈重信公でした。白瀬中尉の南極探検に乗り気を起こし、実現に努力した大隈公は、中尉の出発のときに、

「南極は暑いからからだに気をつけろ。南洋でさえあれほど暑いのだから、もっと南の南極はよほど暑かろう」

といったそうです。〝大物〟は、こまかい点については、むしろ無知のほうがよい場合が多いのです。ただ「そりゃあよい考えだ」の精神が、〝大物〟の真髄といえるでしょう。

提案の場合にも、そのアイデアが奇抜であればあるほど、反対され、発案者は疎外されることがしばしばあります。もし、そのとき〝大物〟がいて「育てる」ことをしなければ、その人は二度と提案しなくなるでしょう。

提案者は育てる努力をしてくれている上司の一挙一動を真剣に見つめています。そんなに努力をしてくれる上司を見て、提案が検討の結果ダメになったとしても、提案者は納得するものです。そして「よし、次にはもっとよいアイデアを考えるぞ」ということになり、創造性発揮の何よりのはげみとなります。そして、それが成功すればますます張り切るでしょう。

この循環が非常に大切なのです。

創造性を育てる

創造性開発のうえで、非常に大きいことは、上に立つ人が下の人のアイデアとか、創造性の発揮ということに対して、強い要求を持っていなければならないということです。

それには、アイデアとか、提案が出されたときに、育てもしない先に評価してはならないということです。つまり、生まれ立てのアイデアというようなものは、実は何の役にも立たないものであって、それがモノになって、はじめて価値が生ずるというものです。これはあたりまえのことなのですが、アイデアをモノにするのに、その途中の育て役というものは、いったい誰がするのか。この育て役は、実は発案者ではないのです。むしろ発案者というものは、ほかの人から見れば、まるで馬鹿ではないかと思われる。したがってそのアイデアは、誰かが育ててやらなければならない。その誰かというのは、大物でなければならない。それは実は、その人の上役であろうと思うのです。

すなわち、アイデアをモノにするためには、馬鹿と大物が揃わなければならない、ということなのです。大物というのは、実はアイデアの内容を詳しく知っている必要はない。なまじっか知っていると自分も批判したくなってきます。それよりも、内容は知らなくていいから、ともかく、発案者に対して大勢の人が、くさしたり反対したりしているときに「馬鹿、何をいうか、黙れ」といって叱り飛ばすことができるくらいの大物であってほしいのです。

つまり、アイデアの内容は知らなくても、何か知らんがこんどのアイデアはおもしろそうだぞ、あの提案をした男はなかなかおもしろい人物だぞ、といった式の、これこそきわめてノンロジックな「何かしらんがそう感ずる」という、いわゆる第六感といいますか、勘です。どうもこれはおもしろいぞ、と思われるものをバンと取り上げて、そしてほかの人たちに「黙れ」というくらいの強力さがないと、なかなか新しいことは育たないようです。ロジックばかりやって、批判ばかりやっている青白いインテリでは、アイデアは育ちません。

親心というのは後輩の創造性を育ててやる人のことです。

「考えてみりゃあ」「そりゃあよい考えだ」

私は、南極越冬隊長として、南極越冬という未知の仕事をやっていくのに、どういうふうにしたかといいますと、まず第一に仕事の目的をはっきり一人一人の隊員に与えました。そのかわり、その目的をどういうふうにやるかということは、その人の責任においてやってもらうことにしたのです。

たとえば、電気をおこすのは発電係で、発電係は電気さえおこしたらいいのです。それが仕事の目的です。その方法はどんな方法でやってもかまわない。だから私は「君の仕事の目的は電気をおこすことだぞ、そのかわりその方法は君の好きなようにやれよ、忍術でやってもかまわないぜ」といっておきました。そうしますと、「隊長がこうせよとおっしゃったでしょう。ああせよとおっしゃったでしょう」といういい訳はできません。「油がありませんから電気がおこせません」「何も油で電気をおこせとはいっておるまい。忍術でもいいのだぞ」ということになります。「機械が故障して動きません」「そんなことわしの知ったことか。忍術でもいいのだぞ」

けれども実際は忍術で電気がおこらないことぐらい彼らは馬鹿でないから知っています。知っているから、何か道具がないかなあ、あ、発電機がある。この発電機は油がいるな。あ、ここに油の入ったドラム缶がある。ひょっと持ってみたら重たい。こりゃ誰かに手伝ってもらわないといかん。ところが誰かに手伝ってもらおうと思うと、日頃ほかの隊員にサービスしておかないといかん。幸い彼は風呂番を兼務している。そこでほかの隊員が入ってると背中を流してやりながら、「明日石油を入れにゃいかん、頼むぜ」。これが大事なんです。自分で考えてるわけです。自分の責任でやらにゃいかん。彼は私に「忍術でもいいのだぞ」と突っぱなされていますから。

しかしこの段階では、彼はまだ本当の切迫感を感じていません。いまはまだみんなが手伝っていますから、電気はちゃんとおこっている。切迫感は未来のものであることが望ましいのです。

けれども日がたつにつれて近くの石油を使い尽くして、だんだん遠い所にある石油を運ばなければならなくなってきた。太陽の照っている時間も短くなってきた。寒さは日に日に加わるでしょう。

「さあ、こりゃ何とかしなければいかんなあ。いままでこのくらいのサービスで手伝ってやってもらっているものが、あんな遠いところへ、寒いときに取りに行かなければならんということになってきたら、こりゃどんなサービスをしたらいいのだろうか」

これが未来の切迫感というものです。その何とかしなければならんという気持が、知識とぴたっと結んだのが知恵です。

ところが切迫感と知識は、ほったらかしていては結びつきません。結婚するためには仲人がいる。化学反応をおこすためには、カタライザー（触媒）というものがいる。この場合それは何であるか、それは「考えてみりゃあ」というものです。何とかしなければならんという気持をぐうっと強くおこす。そのとき「考えてみりゃあ」ということになる。これが人間に与えられた特権です。

では「考えてみりゃあ」とはどういうことかというと、いままで、こうしなければならんものだ、ああするのがあたりまえだ、そうすべきだ、何だかんだという、そういう固定観念というか、習慣があります。それをバアッと捨ててしまって、ことの本質に返って考えることを、一口で「考えてみりゃあ」というのです。

いまの場合、石油はドラム缶で運ばなければならんものだと思っている。これが過去の習慣です。だが欲しいのはドラムカンではなくて石油だということ、これがことの本質です。石油だけがスーッと発電室の中に入ってくれればいいはずです。ドラム缶なんていらん。その証拠にドラム缶は持って入ってまた持って出ている。欲しいのは石油だ。これだけのことが「考えてみりゃあ」です。

すると、「あっそうだ、パイプだ」とアイデアが出てきた。だいたい知恵の出方というものはそういうものです。これを私はエジソン流の発明のしかたといっています。このように切迫感と知識とが結びついて、アイデアが出る瞬間は、「ハッ」とか「チラッ」とか「フット」とかいうようなむずかしい言葉でいえば「閃悟」とか「啓示」とかいわれるノンロジックな心の状態です。これは言葉で説明することも、人に教えることもできません。ただ自分で成功の味をしめることを積み重ねて修行し体得するしかないのです。

しかし、アイデアや知恵がいくら出たところで、それはほんとは絵に画いた餅で、何の役にも立ちません。それがほんとに役に立つためには、それがモノにならなければなりません。モノになったときはじめて役に立つのです。

いまのパイプもそうです。「パイプでやったらいいのだ」といくらいったって、それが「モノ」にならなければ何もなりません。この場合の、モノになるという「モノ」は物質の「物」ではなく、「彼女をモノにする」というときの「モノ」です。

それでは「モノ」にするにはどうしたらよいか、ここに「育てる心」が必要になってきます。

なぜかというと、一般にアイデアを出すような人は、どうせ馬鹿かアホだといわれる可能性が非常に強いのです。アイデアがすぐれていればいるほど反対者が多い。アイデアの効果が大きければ大きいほど反対者が多くなる。百人いたら九十九人は反対者です。そんなものいかん、そんなもの考え出すやつは、どうせ馬鹿に決まっているといいます。

だからここで、多くの反対者を押さえて、アイデアを「モノ」にしてやる、つまり育てる心が必要になるわけです。

「育てる心」を持つ秘訣は、アイデアの内容をろくすっぽ聞かない先に「ああ、そりゃあよい考えだ」ということです。それはほめているのとはちがいます。「よい考えだ」といった手前、自分が「反対者」になることを妨げ、どうしても育てにゃいけないようになってきます。自分自身に切迫感を感じさせるひとつの方法なのです。

さきほどのパイプの話に返りますと、発電係が食堂でみんなに、「考えてみりゃあ、欲しいのは石油だからな。パイプか何かでずうっと運ぶことにしたら、みんなに喜んでもらえるんだけどなあ」とこういいました。するとほかの者はみんな「そんなことができるもんか」と発電係にくってかかろうとします。まさにそのとき、私が「そりゃよい考えだ」といったものですから、今まで発電係にくいつこうとしていたのが、全部私の方にガッと矛先を向けた。「隊長、そんなこといったって、パイプなんてありませんよ」

「そりゃ、昭和基地にパイプのないことなんか知ってるよ、持って来てないのだから。何かで作りゃいいんだろ」

「そりゃよい考えだ」といった手前、こういわなければならない。

「ハハ……そんなことおっしゃったって、昭和基地にパイプを作る材料なんか何もありませんよ」

「君らね、内地でパイプこしらえるのと同じこと考えてるから材料がないのだ。南極へ来たら、南極にふさわしい材料を考えたらいい、外を見てみい、雪もあるし、氷もある。雪か氷でパイプをこしらえたらいいのだ」すると隊員が笑い出しました。「ワッハッハ……西堀さん、そりゃあなたは氷なんか持ってきて、ギリギリ穴をあけて、パイプ作りなさるかも知れんが、やっと作った氷のパイプで石油を流している最中に、ドシーンと折れたらどうなさる。隊長は油の一滴は血の一滴だから気をつけろなんていっておられるのに、ダアッとみんな流れてしまったらどうなるんです」「何も折れるパイプを作るなんていってやせんわい、折れないパイプを作りゃいいんだろ」こういわねばならないようになってきました。私自身が切迫感を感じます。

「どんなにするんです。折れないパイプってどんなにして作るんです！」とみんながこういったときには、ほぼ賛成しかかってきています。「わしゃ知らん。知らんけれども作らにゃしょうがない。考えてみりゃ、折れるということは、中に何か強いものが入ってないからだろう。そうだ、繊維か何か中に入っていたら、おい、昭和基地に何かいらん繊維がないはずはないだろう。ふんどしでもシャツでも繊維であったらいいのだ」こうなると可能性が出てきました。繊維の入っている氷のパイプを作ればいいのだ、さあ、さっそく賛成者があらわれました。協力者があらわれました。「包帯だったら山のようにあります。怪我をすると思ってたくさん持ってきたけど、誰も怪我してくれんから、いっぱい残っています」というのです。「そりゃよい考えだ」と私はまたいいました。するとその男、パアッと取りに行きました。「取りに行け」というかわりに「そりゃよい考えだ」といったほうが効果的なんです。

短い真ちゅうのパイプが一本ありました。そのパイプに包帯を濡らしては巻き、凍らしては巻き、濡らしては巻き、凍らしては巻きしますと、氷と繊維が一緒になったのがだんだん太くなっていきます。真ちゅうのパイプは何回も使わなければいけないから、中へお湯をザァーッと流してズバーッと抜くと、一丁あがり。またそのパイプで濡らしては巻き、凍らしては巻き、中へお湯を入れてズバーッ。いくらでもできます。

「ウァッハッハ……できましたな。マスプロダクションですね」

その短いパイプを並べておいて、つばをペチャペチャつけるとピタッとついてしまう。接着剤はつば、いくらでもあります。

とうとう石油が通りました。氷は水です。水と油はまじりません。おまけに南極では、温度は絶対にプラスにならない。常に零度以下です。氷は溶けはしません。石油はズンズン流れてきます。

もうみんな夜毎に、石油のドラム缶を運ぶのを手伝ったりする必要は毛頭ないわけです。みんなが喜んでくれると、もっとやってやろうという気になります。調子に乗れば乗るほどいくらでもアイデアが出てきます。一回味をしめると、人間というものは調子に乗ってムラムラと意欲が出てきます。この発電係は、次のようなことも「モノ」にしました。汚れた水があります。風呂の汚れ、台所の汚れ、これがまた南極では始末が悪い。はじめは桶をかついで運んだわけです。ところがジャボンとこぼすと、たちまちそこがカチンと凍ります。その次そこを歩くときは、さっとスベってまたジャボンとこぼれて凍る。その次にはズデーン。大変なことです。何とかしなければならない。切迫感を感じます。考えてみりゃあ、要するに水が外へ出ればいいんだ。桶でジャブジャブ運ぶ必要はない。そんなら圧搾空気かなんかで、バーッと外へ吹き飛ばしたらいいんじゃないか」これもちゃんと「モノ」になりました。

なせばなる。何でもできる。一見不可能に見えることも「考えてみりゃあ」「そりゃあよい考えだ」と可能にできるのです。

「勇気」は「自信」に先行する

創造性とは新しいこと、革命的なことをやることです。独創とは誰もやらなかったこと、気のつかなかったことをやることです。したがって、それを実行した場合、失敗するかもしれないし、途中で思いもよらぬ出来事が起こって、危険に瀕することもあるかもしれないのです。この危険を感じながら敢えて実行することを冒険といいます。そしてこれを敢えてやるという気構えが勇気であります。

勇気とは、思い切って決行する気迫です。人間が、何か新しい行動をしようと決心するとき、自分の心の中にそれをこばむ抵抗があります。それは俗にいう、「取越し苦労」というものもあり、あるいは「現状維持本能」というものもあります。こうした心の抵抗を打ち破り、切り捨てて、まず決行することを決心する必要があります。けれども、それは単に強引にそれをするということではありません。

まず、それをやれるという「自信」というものがないと勇気が出てこないものです。自信は、その問題の困難性を見通すことと、それを解決する能力の自己評価とのかねあいで決まるものです。

問題の困難性を見通す、それはその問題に関するできるだけ多くの情報を集め、これをもとにして、どんな困難や失敗の可能性があるかを予想し、そしてそれを克服する手だてを推理してみることです。しかし、初めてのしかも未来のことですから、何がそこにあり、何が起こるかということは、なかなかわかりにくいものです。「思いもよらぬ出来事」「予想外のこと」「不意のこと」などが、いつ、なんどき起こるかもしれない、という恐ろしさや不安の方が先に立って、真の姿がなかなかつかめず、その不安は心配すればするほど深くなって、次から次へと不安を呼び、それを克服する手立てなど、とても考えられるものではなくなります。そして、考えれば考えるほど、かえって恐ろしさが増えてきます。

したがって、その問題の困難性を見通すには、一応の情報をもとにして、直感的に見定めるしか、しかたがないのです。これが、いわゆる「カン」というものではないでしょうか。

また、「予想される困難を克服して解決する能力」の問題にしても、もともとどんな困難があるかもわからないのですから、それを解決する能力があるかないか、などということはあらかじめわかるものではありません。したがって、能力を問題にし得るのは、どんな困難があるかを予想できる場合のみにかぎられるのです。しかも、そのときになって、果たしてその能力を発揮し得るかどうかもわからないのです。まして、それを克服するために、自分以外の人たちの協力や組織、資力などを要する場合には、なおのこと能力の有無は、正確にわかりようはずがありません。結局は、過去の実績や経験をもとにして、あるいはほかの人の能力や経験談を求めたりして、できるだけ客観的な評価をするとしても、帰するところ、自分の総合能力を直感的に自分で評価するしか仕方がないものです。

したがって、自信というものは、あくまでも主観的なものであって、「自分はできると信ずる」というだけのことです。他の人からそれはうぬぼれだといわれてもやむを得ないことで、気にする必要はないのです。

以上のような理由から、あまり微に入り細にわたって調査研究をしても、自信を得ることには役に立たず、むしろかえって、困難を過大評価し、自分の能力不足を感じ、ひたすら不安にかられ、自信をにぶらせるだけのことになってしまうことが往々にしてあるのです。従来は、この不安のために自信が持てず新しいことには誰も手をつけず、やりそびれていた、といえるでしょう。

いままでやらなかったことをやるとか、いままで誰もが解決しえなかったことを決行しようというためには、このような自信論を超越して、やろう！　ということにならなければなりません。それを「勇気」というのでありましょう。

自信の有無や、「自信かうぬぼれか」の論議ではなく、もっともっと、信仰とでもいわれるようなものとでもいいましょうか。「人事を尽くして、天命を待つ」という言葉、「案ずるより産むが易し」という言葉は、すべて勇気を出させるためのものなのです。

ともかく、「やってみろ！　失敗してもおれが責任を持つ、安心してやれ！」というようにすれば、必ず道が開けます。「成せば成るのである」ということは、暴言でも無茶でもないのです。

たとえ、途中で困難や危険があろうと、また論理や経験からは不可能と思われようと、「カン」という第六感的洞察によって、可能性の見通しがつくこともあるのです。また一見、見通しがつかないときこそ、「窮すれば通ず」のたとえのように、創造性が必要であり、また出やすいときですから、できる、と信ずることが、道を開いてくれることになるのです。

単に理屈による論理の問題ではなく、本当に困難や危機に遭遇したときに、天祐とか、神の啓示とかいうようなヒラメキによって切り抜けて成功にいたった例は実にたくさんあります。それを計算に入れないで、自信がないからやめておこう、というのは勇気がないとしかいいようがありません。「勇気」は「自信」に先行する。それを私は強調したいのです。

『石橋を叩けば渡れない』（初版・一九七二年）あとがき

いま、ふり返ってみると、「創造性の開発」というテーマは、ライフワークの一つだったという気がする。

日本生産性本部に、企業の中堅実務家を中心とした「創造性開発委員会」を設け、「人間性と創造性の開発」という本にその研究成果をまとめたのは昨年である。

幸い、好評を得、多くの読者から助言と鞭撻をいただいた。なかでも、創造性の心とは何かということを、もっとわかり易く教えてもらないかという要望がたくさんあった。しかし、これはことほど左様に簡単ではないのである。むしろ、私は創造性の心が何であるかということより、その背景になっている〝心の持ち方〟が大切であると思う。

この意味において、私が常日頃、思い考えている人生観の一端を本書にまとめることにしたのである。これが読者の参考になるかどうかは、読者自身の問題であって、ここに述べている考え方を強要するつもりはないし、むしろ西堀個人のキャラクターをご批判いただきたい。

なお、本書に収めた話は、私がいろいろなところで講演したものをテーマごとに編集部で整理したものである。実は、この方法に少なからず問題があることを承知している。なぜなら、講演では、論旨をより明確に訴えるために話を脚色することがあるからである。しかし、編集部のたってのすすめに、この点を十分留意することを条件に同意した。関係者のご了承をお願いする。あわせて講演のお世話をいただき、記録の労まで取ってくださった方々に厚く感謝いたします。

七月三十一日

西堀栄三郎

五分の虫にも
一寸の魂。

「我輩氏」

私が、京都大学の佐々木申二先生に師事しながら講師として学生に実験の指導をしたり、自分の研究を続けていた頃のことです。

ある日のこと、佐々木先生のところに来客があり、私はいつものようにお茶を持って先生の部屋へ行きました。すると、その来客が、

「ちょうどいい、君もそこへ座れ」

というので、私も佐々木先生と一緒にお客の話を聞くことになりました。お客は、森二郎という方で、佐々木先生の親友であり、偶然にも私の中学、高校時代の恩師、森外三郎先生の次男だったのです。

森二郎氏は、こんな話をされました。

「我輩は、いま、マツダ・ランプを辞めて来た。あの会社はけしからん。世の中に電気会社はゼネラル・エレクトリックしかないと思っている連中ばかりだ。何ひとつ自分で新し

い開発をやってやろう、という意欲もなく、努力もしない。我輩が新しいやり方で何かをやろうとうると、みんなつぶしてしまう。おもしろくないから辞めて来た。」

それから「我輩氏」は、毎日のように私たちの教室に現われるようになりました。そして、技術的・研究的な話をしているうちに、私は、「我輩氏」の話を聞くのが楽しみになってきました。創造性豊かな人格に、すっかり惚れ込んでしまったのです。「我輩氏」の方も、私に好意を持ってくれたようです。

それからしばらくして、「我輩氏」があまり教室に現われなくなった頃、突然マツダ・ランプから私に来てほしいという依頼がありました。「我輩氏」の後釜として後輩の私を引っぱろうという計画だったらしいのです。

その頃の私は、学者ではなく技術者になりたいという気持が強まっていたときでもあったし、森二郎氏が闘いに破れて辞めてしまった会社に、今度は自分が乗り込んでひとつ大いに闘ってやろう、企業内の研究を大いにやってやろう、という意欲が湧いてきました。

これが、私の京都大学から東芝（マツダ・ランプ）へ移るきっかけとなったのです。

自主主義のすすめ

昔は、君主主義といわれた時代がありました。それが、戦争が終るとともに、民主主義に変わりました。しかし、アメリカ式の民主主義を無理に押しつけられたために、はきちがえてとらえられ、何でも反対することが民主主義であるというようなことになってしまいました。

どうしてこれをするのかという、その社会的目的や知識を身につけようとはせず、ただ「反対、反対」と声を上げるのみです。せっかく私が設計した原子力船も、ただ「反対、反対」といわれたのでは、私は民主主義という言葉が大嫌いになります。

そこで私の提唱したいのは、自主主義ということです。

この自主主義というのは、一方は、やらされていると思わない、一方はやらせていると思わない、つまり「人が人を使う」のではなく、みんなでやりましょう、この「みんなで」という考え方を基本としています。

もちろん自主主義をすすめるためには、それぞれの人がレベル・アップされて、いわゆる自主管理能力というべきものを、身につける必要があります。

従って、一人一人の自主管理能力というものを、どうやって高めていくかが大きな課題となります。それには、教育とか、指示とか、指導とかが非常に大切であることは、いうまでもありません。

ここで問題になるのは、いかに教育、指導しようとしても、される方がその意欲がなかったらどうにもならないということです。ですから、意欲というものをどうして育てるか、大切にするか、ということが最大の基本であって、教えること、指導することそれ自体よりも、どうやってやる気を起こさせるか、というところに問題があります。

そのためには、その人に何か責任を持ってやってもらうこと、つまり創造性というかその人の考え方というか、あるいはその人自身の判断によって行ない得る余地とでもいうか、私はそれを「自由度」といっているのですが、この「自由度」が必要である。それを持つことによって、その人が創造性を発揮し、それによって自分の責任を感じ、その責任を感じた分だけやる気、意欲が出てくるのだ、と私は信じています。

幅役

私は「自主主義」ということを提唱していますが、これはみんなが共通の目的を達成するために、お互いにほかの人の役割を尊重しながらやっていこう、という気持が大切と思うからです。

企業にヒエラルキーというものがいささかでも必要なら、上役とか下役とか上下の区別ではなく「幅役」という気持でやるべきだと思います。「幅役」というのは、責任範囲が広いという意味でつけたもので、つまり、上下ではなく幅です。

たとえば、新入社員は今日のことだけ考えていればいい、課長は一カ月先のことまで考える。同じように、部長は一年先、社長ともなれば十年、二十年先まで考える。幅が広がれば、責任の範囲が広がるわけですから、給料もちがって当然という気持になれます。

また、「幅役」はそれだけ幅広く知っているわけですから、幅の狭い人たち同士の相互関係を調整することもできるわけです。

種をまく、育てる

新製品のアイディアが出てこないといって嘆く経営者がもしいたとしたら、その人はまず自らを反省してみることが肝要です。

いままで、自分は心から新製品の種をまき、それを育てようとしてきただろうか。また、部下の提案を（自分の面子にかかわると思い）無残にしりぞけたことはなかったか、と。

新製品の種をまくことと、それを育てることとは全くちがいます。丹精こめて育てようとする心のない人には、よい種を与えられるわけはありません。

自分は、創造によって生み出されるよい新製品の種を、まだまいてもみない先に、批判したり、否定したりしたことはなかったか。そのために会社の中に創造性を軽んずる雰囲気が広がって、皆がマンネリズムに陥っているのではないか。

創造性のある社員なら、会社の利益になると思ったら、自分の考えた案を上役や経営者に提示するでしょう。しかし、それが上からどんな扱い方を受けたか。その社員に、創造性を失わせる結果になってしまったのではないか。創造性を失ってしまった社員たちは、ただ上役に命じられたことだけやっていればいい、という気持になって日々を過ごしているのではないか。

そのほか、会社にポリシーがないといって嘆いている社員はいないか。

社員が以上のような状態に陥っているとしたら、それは経営者が創造性を軽んじた結果です。

経営者の反省すべきことは、数えあげたらきりがない程にあるということを、肝に銘じる必要があります。

創造性の無視は、諸悪の根源です。

人が人を使う

テーラー・システムというのがあります。これは、労使の契約によって成り立っています。（これも基本的な考え方からすれば大切なことといえますが）テーラー・システムでは、労働の売買というような意味を基盤としています。つまり労働者は、働いている人たちというよりも、働かされている人たちといった方がぴったりします。

　これでは、創造性は完全に抹殺され無視されている、といわなければなりません。事実、働いている人たちは、面白味がひとつもないために仕事というものはおもしろくないものだ、おもしろくないものを仕事というんだと思い込んでしまいます。

　従って、給料はイヤなことをした償いとしてもらうものだ、という考え方が出てきます。日本でもこのような状況がないとはいえません。社長とか部長とか長と名の付く人たちが、部下の能力を無視して勝手な命令をする、それを「社長がこんなことをいうとるぞ、部長がこんなことをいうとるぞ」その命令を絶対のものとして受け入れ、ただ「はい、はい」と服従している。これではやはり、働く面白味というものは失われてしまうでしょう。

　以上のような形は、「人が人を使う」という理念に縛られているからだと思われます。「人が人を使う」という考え方は、昔の封建制度、奴隷制度のさかんな頃の遺物でしかないはずです。その習慣がまだ、とれていないからでしょうか。

五分の虫にも一寸の魂

子供が無心に遊んでいるとき、また絵を描いたり何か物を作っているとき、これこそ人間の一番自然な、麗しい、尊い姿だと私は思います。このような姿勢をいつまでも大切にしてほしいものです。

ところが、途中でイヤになったり、自分の思うようにいかなかったりして、中途半端でやめてしまうことがあります。あるいは、ほかの人がケチをつけたり、気をそらさせたりして、やる気をつぶしてしまうこともあります。

こんなことにならないように、折角進めているレールからはずれないようにするためには、「ああしなさい、こうしなさい」と指示したり、手を出したりするのはかえってマイナスにしかなりません。大切なのは、ちょっと離れたところから注目し、自由にさせておいて、はずれそうになったときに刺激をしてあげることです。これが、親あるいはリーダーの義務であり役目であると思います。

仕事の目的を繰り返し強調して、最後に完成の喜びを本人に味わわせれば、その成功感こそが、人間として最も大きなモチベーション（意欲づけ）となります。一度こういう経験をすると、「今度また何かやってやろう！」という気になり、エネルギーが湧いてくるのです。

これは仕事の場でも同じことがいえます。「人が人を使う」のではなく、その人の創造性のエネルギーを湧かすように刺激することが大切です。創造的潜在エネルギーは人間誰でも持っています。「一寸の虫にも五分の魂」という言葉がありますが、これは当たり前すぎます。「五分の虫にも一寸の魂」があると信じてこそ、その人の創造性はますます伸びていくのではないでしょうか。

異質を肯定する

チームワークをよくしよう、とよくいいますが、チームとは一人一人個性のちがった人間が集まって作られるものだと思います。

それを和とか融和だとかいう立派な言葉を使って、かえって個の存在をなくさせてしまう。つまり画一主義であり全体主義で、それを押し通すと人間の個性を埋没させ、意欲を喪失させるもとになります。

個を殺して和を、というのは一見もっともらしいのですが、それではチームとして個の力を発揮させ、結集させることはできません。

異質の個性を持った人間が寄り集まってチームを作るのですから、お互いに個と個とを認め合いながら、「これがあいつの特色なんだ、持ち味なんだ」と思うことに努力し、相手の個を活かし合いながら共同の目的に向って協力する、それが積極的な「異質の協力」になるわけです。

ところが、一般的には上役が自分の部下を自分と同じ型にはめようとして見てしまう。そういう見方をすれば、自分とは異質な人間は、「あいつはダメな人間だ！」ということになりかねません。これではどんな人間でも、全部欠点だらけに見えてしまうでしょう。人の良い面を見ることに努め、自分とは異質な点があろうとそれを肯定的に見ることが大切だと思います。

人間、感情の動物ですから、虫の好かぬやつもいるし、ウマの合わぬやつもいるのは当然です。そのときに「あいつはイヤなやつだ」と決めてしまわずに、それをそれとして認めることです。

とらわれず自由であれ、心に余裕を持て、というのはその点です。

そうすれば、あらゆる異質の人間を、その人なりの個として認めることができるでしょう。

そして、心からの協力もできるでしょう。

ユニットは小さい方がいい

これからの企業というのは、大小にかかわらずユニットは小さい方がよいと思います。いいかえれば、小集団的なものの見方というか、それぞれの小集団がよいチームワークで仕事ができるようにし、その積み重ねがひとつの大企業を形成している、という考え方に立脚したいと思います。

これは、ひとつに少数精鋭という意味にもなります。組織全体としては、大きい方が望ましいといえるかもしれませんが、運営に当たっては、むしろ小集団、小グループが本当に生き生きと仕事ができることが基本であるべきと考えます。私は、人間というものは非常にフレキシブルなものであって、固定したものの考え方をしなければ、いくらでも発展する能力があると思っています。

かつて日本生産性本部の依頼によって創造性開発委員会を作り、種々の面から検討したことがありました。そのときの結論は、「人間の持っている新しいことに取り組む、つまり創造的な能力というものは、極端にいえば無限の潜在力がある。無限の可能性がある」ということでした。

人間の持つ創造的な能力の可能性というものは、それがどんな小さなことであっても、認められるということは、その人にとって非常に大きな喜びです。これが人間の生きていく原動力になると、私は信じています。

組織といっても、結局人間の集まりです。もう少し細かくいえば、個人個人の集まりです。その個人個人が創造的な可能性を発揮するためには、よいチームワークが必要であり、従って小集団である方が生き生きと仕事ができるということになります。私がユニットは小さい方がいいといったのは、このような考え方からです。

自由度

自由度といいましたが、自由に度をつけたのは私なりの理由があります。

何に自由を与えるかというと、これはあくまでそれをやる手段についての自由であって、その仕事の目的という点では、これは絶対であって、自由はありません。

企業組織の場合でも、その目的は明確です。私の体験した南極探検の越冬にしても、その目的はひとつです。ただそのひとつの目的のために、多くの人が集まって力を合わせる、いいかえれば、目的を遂行するための分配とでもいいますか、役割の分担とでもいいますか、ここに意味があるので、つまりこれがチームワークの基本といえるでしょう。その分担された役割の中で目的を達成するために、どういう手段を使うかは、分担を受け持った人の自由です。

もちろん、この自由というものの中には、制限条件というものは当然あります。協力者同士の約束もあるでしょうし、また資源とか資料とかいろいろな外部的制約もあるでしょう。自由というのは、それらを肯定し、包含した上の自由で、その意味から私は自由度といいたいのです。

役割分担といいましたが、その役割には、この仕事は重要だ、この仕事は大したことない、という差別的な考え方は存在しません。そのチームでは、共同の目的に対して誰もが尊い役割を進めているのだ、という考え方が大切です。

従来は会社に対して、あるいは上役に対して忠誠を誓うということが要求されていたようですが、そうではなくて共同の目的に向かって自分はこれをやる、いうならば自分に忠誠を誓う、ということになるでしょう。

全員の意欲

たとえば私たちが行ったヒマラヤ登山の場合、共同の目的というのは、チームの中の誰かを山の頂上に立たせるということです。その頂上に立つのが誰であるかはわかりませんし、また、ある人に頂上に立つという役割があったとしてもその人は、英雄でもなければ何でもありません。逆に考えれば、自分の命を捨てに行くようなものかもしれませんから、「気の毒な人だなあ」と同情すべきともいえましょう。

しかし、それを敢えてやってくれるように進めるためには、チームの全員が意欲を持って役割を分担し、協力をする、このシステムをはっきりさせておく必要があります。チームの中には、食料班があり、飯炊きばかりしている隊員もいるわけです。飯炊きばかりしているからといって軽く見ることはできません。これも尊い役割のひとつで、その人が誰かを頂上に立たせようと一生懸命食事を作ってくれていればこそ、目的が進められるのです。この人に、奉仕的とかそういう言葉は使いたくありません。その人がもっとも自主的に、もっとも誇りを持ってやっている行動だと私は解釈します。

協力体制とは

チームワークを持って目的に向かう場合、もうひとつ大切なことがあります。

役割分担ということは、目的の分配であって、これははっきりさせる必要があります。

しかし、目的を分配されたからといって、その自分の役割として持った責任だけを果たせばいいという考え方は捨てるべきです。他の人の責任分野というか、他の人のやっていることに十分気を配って、いざその人が協力を必要とした場合、いつでも自分は飛んで行ってその人の手助けをするという姿勢が大切です。これは、人の仕事にちょっかいを出すとか横取りするとかという悪い意味ではなく、協力体制におけるチームワークの基本的な理念です。

考え方を変革する

人間というものは、ある目的に向かって進んでいるのだといってもいいでしょう。たとえば、北極へ犬ぞりで到達しよう、これが目的であるとすると、ご存知の植村直己君は、たった一人でその目的に向かって行ったわけですが、同じ目的を日本大学山岳部の人たちは、その十倍の規模でやりました。

連れて行った犬の数も、一方は十七匹、一方は百八十四匹、隊員の数も一方は一人、一方は十人、それに犬の係としてエスキモーがついています。

日本大学が、どうして十人になったかというと、天測の専門家、無線の専門家、写真の専門家、食事を作る専門家、犬の世話をする専門家、つまり役割分担ですね。

植村直己君は、それをたった一人でやったわけです。たしかに彼の行動は、超人的であると誰しも認めます。しかし、会ってみると彼は、非常に謙遜な平凡な一人の男にすぎず、とても超人とはいえません。

ただ、彼があれだけのことを遂行するまでには、どれくらいの研鑽を踏んできたかは、想像に余りあります。私がなぜこのような例をあげたかというと、企業の中でも同じようなことがあり得ると思ったからです。同じ仕事をするのに、なぜ十倍の人間が必要か。

一人対十人とは、あまりにも差があります。十人まででなくても、三人では済まされないのか、二人では済まされないのか。現代の経営で考えなければならないのは、ここにあります。できるだけ、少数精鋭でなくてはならない、そのための能力というのはどこから生ずるかというと、その人の意欲を持つ習慣がどのぐらい身についているかで決まる、と私はいいたいのです。

考え方の変革とでもいいましょうか、これが大切です。

困難と不可能とは違う

創造性の開発といいますが、自分の創造能力を引き出すためには、必ず自分なりの夢とか望みとかいうものを持つ必要があります。その夢や望みは、どんなに大きくても、どんなに難しそうなことでもかまいません。ただ人倫にもとるようなことではなく、他の人に迷惑をかけない、人に幸福をもたらすようなものであったなら何でもかまいません。

創造というものは、原子力のように両刃の剣とでもいいましょうか、まかりまちがうと社会をこわし、人に不幸をもたらすようなものにもなりかねません。

その昔「多くの人を幸せにするためには、少々の人は不幸に陥れても仕方がない」という考え方が横行したものです。それが戦争や差別的対立のうまいいいわけとなって、そんなことに創造性を発揮したこともありました。それを防ぐただひとつの道は「何人《なんびと》をも不幸に陥れてはならない」という強い英知を持つことです。

次に、きっと望みがかなえられ成功するにちがいない、と信じなければなりません。いかに困難で不可能に見えても、勇気を持ち続け、ねばり強く望みを捨てないことです。すると突然パッと目の前が明るくなって、成功の見通しがつくものです。

困難と不可能とは、全くちがうことです。幸運と不幸とは、いつも同じ程度に現われるものですから、それだったら楽観的に根気よく幸運の来るのを待ちましょう。

オーバーラップ

新しいことをやるのには、まず古いものをこわしてからでなければならないという考え方はまちがっていると思います。

革新というと、過激な思想を持った人たちは、まず古いものを破壊してからでないと新しいものは生まれない、という否定的な考え方から出発することが多いようですが、これはあまりに創造能力のない幼稚な知恵のない人のやることです。社会の進歩というものは、その時代時代の人々の要求によって新しいものが生まれ、古いものが捨てられていくものです。

技術革新の例でも見られるように、たとえばカラーテレビが作られると、白黒テレビがすたれていく。エア・コンディショナーが作られると、扇風機がすたれていく。このようにまず新しい、より便利なものや、その製造法が創造されてその結果として、自然に古いものがなくなっていくのです。つまり、破壊から新しいものが生まれるのではなく、古いものから新しいものへとオーバーラップして、革新が進められていくのです。

利害得失をはなれた人間関係

私は、随分早くから、「欧米の技術を真似した商品ばかりを世界に売っていると、いまに苦情をいわれるだろう」といっていましたが、まさに現在そういう情勢はますます強くなり、このまま放っておいたら、もっと厳しくなることは目に見えています。それに対処するのには、どうしたらいいか。いい古された言葉ですが、「愛される日本」にならなければいけないと思います。

最近では、幸い、若い人たちがどんどん外国に出て行っていますし、その中には、世界的なスケールで活躍したいと思っている人も沢山います。また、場合によっては、その国に骨を埋めてもいいと思っている人もいます。

これは何も、いま始まったことではなく、たとえば戦前の「満州ゴロ」とか「支那ゴロ」とかいわれた人たちがいました。この人たちは、ある意味でその国を愛した若者だったわけです。昔は、そういう人材を育てる人もいたし、機関も割合に多くあったのです。

いまは、海外青年協力隊というものがありますが、そのような官庁主導ではなく、もっと自由度の高い民間主導型で、のびのびとその国の繁栄に役立つような青年を育てる必要があると思います。

これは、青年にこだわることではなく、豆腐とか水車小屋、わら細工等々の製造技術や、あるいは、機械修理技術に熟練したいわば「老人協力隊」の海外進出も必要ではないでしょうか。

ただ、商品を売るために血まなこになっているセールスマンではなく、もっと捨石を世界各地にうつべきだと思います。じっくりと腰をおちつけて、フリーな立場で現地に溶け込むこと。たとえば、その国の人と結婚してもいい、利害得失を離れた人間と人間の関係を結ぶ、これが大切だと思います。

個性を活かせ

研究開発を進める場合には、とくに研究者の個性を活かすことが重要です。ところが、企業の人事部は研究者ばかりでなく従業員全員の個性を尊重せず、画一的な扱いをしようとします。極端にいうと、工場の作業員も研究所の研究員も十把ひとからげにして、それらの仕事の内容を無視して同じ服務規定を押しつけます。そして、その理由としては、配置転換のときに困るからなどといいます。このような人の入れ替え制度は、画一という一番安易な、平均値的な考えだけですべてを片付けようとするのですから、こんなことでは研究などできるわけがありません。

とくに研究開発のリーダーは、研究員の個性を考え、その人の専門分野を少しでも広げてあげようという気持で接することが大切です。そして、新しいプロジェクトがその研究員に適していれば、「どうや、やってみんか」と声をかけるだけで十分です。

個性を尊重していれば、その研究者の新しいプロジェクトに対する意欲、創造力も当然引き出すことができるのです。

技術者が無気力になる

世間で、研究・開発、科学・技術、といっても、それが本当はどんなものなのか正しく認識している人は少な過ぎると思います。

立派に技術の学校を出ていながら知ったかぶりをするだけで、複雑多岐にわたる研究開発の真髄を知ろうともせず、いっぱしの議論をし、あるいは行政にたずさわり、経営に当たっている人がいますが、それがいかに害毒を流しているか、恐ろしいかぎりです。

そうした人たちも、まったく善意で、何とか研究や開発の効果を上げたいと、研究の促進に自分としては努力していると思っているようですが、その実、知らず知らずのうちに促進どころか逆に強いブレーキをかけ、研究活動そのものを無価値なものにしていることが多いのが現状です。

そして、挙句には「日本人は本来、研究・開発などというものには、不適切な人種なんだ」と決めてかかり、輸入された技術や翻訳した知識にはすぐ飛びつくくせに、研究者や技術者が、心血をそそいで開発し、それが完成に近づいても無視してしまう。そして、サッと外国から既存の技術を輸入してしまう。こんなことでは、本当に打ち込んでいる研究者や技術者はくさってしまい、無気力になるのは当然です。

いつになったら、日本の技術が育つような社会環境ができるのでしょうか。

論理、非論理

日本の企業が、世界の市場へ向かって自分の足で進んで行くとき、何が一番大切かというと、魂を打ち込んで仕事をすることです。そしてリーダーは、部下をそのように導くことだと思います。

人間というものは、仕事をしている中で創造性を反映することができたとき、その仕事に本当に愛着を持つようになるものです。従って、リーダーは目的を十分に納得させ、その遂行ということさえしっかり押さえていれば、そのための手段、方法は部下の創造性にまかせればいいのです。

創造性というのは、理屈だけで引き出せるものではありません。発明物語を読んだからといって発明ができるというわけにはいかないように、創意工夫を試みる場合、論理的にいく部分といかない部分、つまり非論理的なところがあるのですが、書物には論理的なことしか書かれていません。

非論理的なこととは何かというと、「感じること」です。論理すなわち「考えること」と非論理すなわち「感じること」が重なって初めて創造性が生まれてくるのです。教育という言葉の「教」は、論理つまり「考えること」を教えるのを意味しているのに対し、「育」は「感じる力」を育てることを意味していますが、この「感じる力」を育てることがリーダーの一番大切な役目です。そのためには、部下に成功の味をしめさせる以外はありません。

リーダーが、部下が失敗しても責任は自分が負うんだ、という気持でやれば部下は必ず育つものです。反対に、「俺が使ってやっているんだ」という気持がある間は、部下は育ちません。

もしかして、部下の能力が自分より上になったら俺はどうなるんだ、という気持も起こるかもしれませんが、みんなで共同の目的を達成しようというとき、自分のチームの中から秀れた能力の人が出てきたら、喜ぶのが当然でしょう。

そういう気持がリーダーとして、一番大切なことだと思います。

相当深く、相当広く

世間一般に使われている専門家とか分業とかについて考えてみたいと思います。

専門家というと、一般から尊敬されたり尊重されたりするという面もありますが、また逆にわからないことがあった場合、「おい、これお前の専門やろ」といって便宜的に使われている一面もあります。

一体専門家とか分業とかがどのような歴史をたどり、どのようなメリットを持ってきたのかを根本的にふり返ってみると、私には、これは日本の場合、とくに弱いことのように思われるのです。

たとえば専門というものが、ある仕事の深さを意味しているとし、二つ以上の仕事をするのを二倍と見ますと、これは幅を意味していると考えられます。この深さと幅をかけると、ひとつの体積になります。その体積そのものを、私は人間の能力といいたいのです。能力は、体験を重ねるごとにどんどん増えていくものです。それには創造性という裏づけが必要ですが、創造性というものに無限の可能性があるとすれば、能力の無限も期待することができるのではないでしょうか。

一般には、幅ができると深さは浅くなる（つまり広く浅く）と思われているようですが、私は、相当深くて相当幅があるということは人間として可能であると信じています。これが非常に深くて非常に幅が広い、ということになると、極めて少ないかもしれませんが、相当深くて相当広いということはあり得る、いや、できると思うのです。

広い、に対して狭い、という言葉が浮かんできますが、狭いということは、自己防衛でしかありません。

社長と同等の権限

私は以前東芝にいましたが、そのころ松下幸之助氏は東芝で作ったものを即座に真似をして製品にしていたので、私たちは松下氏を、「真似下幸之助」と呼んでいたものです。しかし、現在世界の松下に成長した姿を見ると、真似をすることはいっこうにさしつかえないことだと思います。

一見真似をしているように見えても、松下氏は、それをもととして氏独特の創造性を発揮していたのでしょう。

真似から（とだけはいえないかもしれませんが）出発して成功した例として、トリニトロンの話があります。テレビジョンのトリニトロン方式のブラウン管は、すでに外国で発明、発見され、日本ではそれを開発し商品化しようと、二つの会社が取り組んでいました。その結果、ソニーのトリニトロン方式のテレビジョンが開発され、爆発的な売れ行きを見たのです。

これには二つの会社の新製品開発に対する基本的な考え方の相違が如実に示されています。

つまり、一方は一人の担当者に一任するというやり方であり、ソニーでは社長自らの責任において実践するというやり方であったのです。

この二つの大きなちがいは、まず前者の場合、担当を一任された人の権限の範囲でしか仕事ができません。

それに対して後者の場合、社長としての権限をフルに活用して、会社のあらゆる人間を適材適所に動員できたところにあります。このように、新製品開発に成功した例を見ると、ソニーのように広い範囲に権限を駆使できる人間がそれを行ったか、あるいは担当者に社長と同等の権限を与えていた場合が多いのです。

現在の松下電器では、事業部制を敷いていますが、その事業部長に社長と同等の権限が与えられています。

松下電器が数多くの新製品開発に成功している一因は、ここにあるといえるでしょう。

何かをやめようと思ったら、会議をやれ

現代は、冒険や研究の対象になるようなフロンティアが少なくなったという声を聞きます。

たしかに、地理的なフロンティアは少なくなっています。しかし、知識の分野では未知の部分がまだまだ沢山あります。若い人たちが、情熱を持って創造性を発揮し切り拓いていかなければならないフロンティアは、無限にあります。ただ、残念なことにそうした人たちに未知の分野を切り拓かせるためのチャンスを与えたり、また援助するためのシステムがないのが実態です。探検や発明のためのフロンティアがないと心配するよりも、むしろ資金的な援助システムがない方が問題だと私は思います。

以前は、若い探検家に資金を援助する民間のシステムがありました。我々も、随分援助を受け、お世話になったものです。

ところが、いまは、自分の好きで勝手にやっているんだから、金を出す必要はないと考

える人が多いようです。たしかにそのとおりで、こちらから誰にも文句をつけようにもつけられない面もないとはいえません。それだけに、なおのこと何らかの形での資金援助のシステムがあれば、本当にいいと思います。

アメリカには、カーネギー、ロックフェラー、フォードなどの民間財団のシステムがありますが、あれは本当に羨しいと思います。日本にも、決してないわけではないのですが、およそ額が少ない。その上、末端の人たちまでに対する配慮が足りません。

むしろ、権威主義の方が強く「あそこに金を出すのはどうのこうの」などと委員会で会議を開いては、重箱の隅をつつくような細かい詮議をしすぎるのです。これでは、せっかくの発明の芽が摘まれてしまいます。

私たちは、冗談によくこんなことを話し合いました。「何かをやめようと思ったら、会議をやれ」

新しいものというのは、バラツキのはしっこで生まれるわけです。ところが、会議で「どうのこうの」というのはいわば平均値というか常識の域を出ません。

新しいものをつくり出すためには、非常識にならなければいけないのです。

良い指導者とは？

研究機関を運営するに当たっては、まず第一に技術や開発に何を求めているのかを、はっきりさせておかなければならないのはいうまでもありません。

ところが、経営側が研究・開発がどんなもので、どうしなければならないのかを、ちっともわからずに「何かをやらしておけば何かができてくるだろう」「他社でもやっているから、うちでも研究・開発とやらをやることにした」「何か大発見か大発明をやってくれ、もうかる製品を考えてほしい」ということが多いようです。その上、関係者たちが各人各様の期待を持っているために、その期待にはずれると気に入らないということも起こります。

研究や開発などをする人は、強い個性を持っていることが望ましいのですが、それを画一的に型にはめようとするとうまくいかないのは当たり前です。個性の尊重こそが大切なのです。

良い経営者、良い指導者というものは、研究開発の技術者に次のようなことをしてやる人です。

(1) 研究意欲を燃え立たせること。
(2) 邪魔を取り除き、困難や行き詰まりを切り開いてやること。
(3) 雑用をやらせないこと。
(4) 魅力のある総合的計画を認めること。
(5) 研究促進の手立てを工夫してやること。
(6) 良きパートナーを見つけ、プロジェクト・チームを作るなどして、横の連絡をつけてやること。
(7) 研究結果を役に立たせてやること。
(8) 各自の要求予算を査定するのではなく、必要な予算を取る努力をしてやること。

等々。

従って、良い指導者というのは学歴とか地位とかは関係なく、

(1) 創造的計画者であり、
(2) 他の人の気づかないことを思いつく能力を持ち、

(3) 同時に、それを具体的に組み立てる能力を持ち、
(4) 暖かい愛情を持って説得し、育ててやり、
(5) よくめんどうをみてやり、
(6) 研究結果を役立て高く売り込んでやる人。

このように、自由で豊かな考え方を持っていると、おのずから人徳が備わってくるものです。

仕事愛

自分たちの仕事の場を、生き甲斐のある楽しいものにする、不可能を可能にするような創造性に満ちた職場を作る、そしてそこにいる人間同士も、信頼関係によって会社の経営をやっていこう。私は、企業経営に対してこのような考えを持っています。それには南極探検の経験が、私のために非常に役に立っていると思います。

金や物はもとより、権力も罰則も役に立たない南極で、隊員たちは、自分たちに割り当

てられた仕事を実によくやりました。この意欲のもとを調べてみると、みんな同じことに帰着します。それは、端的にいえば仕事愛です。仕事とは、本来、考えること、身体を動かすこと、そして喜ばれることといえるでしょう。

人間は、仕事をしたがる動物です。給料をもらうからイヤな仕事でもするより仕方がない、という考え方は、根本的にまちがっています。

ですから、楽しかるべき仕事を楽しいものにしていく仕組みをまず第一に考えることが大切だと思うのです。

その背景にあるものは、一人一人の「人間性の尊重」です。

容積一定論

私は、いろいろな会社の工場へ行くことが多いのですが、会社の上役の人たちが作業員の男女を一体どのように見ているのか、という点で考えさせられることがよくあります。頭から「あいつは学歴がないから駄目だ」と決めてかかって、その一人一人の能力というものを固定して考えてしまっているのではないか、と気づかされることです。そのくせ、性質は変えられると考えているように見受けられます。

たとえば、どこの大学を出ているとか、高校出とか中学出とか、それだけで「ああ、そうか」とレッテルを貼ってしまう。その方が安易で便利かもしれませんが、そんなことで決められた作業員の方は、たまったものではありません。

ともかくその人の能力をそのようなことで決めてしまうのは、やめてほしいと思います。

私は以前から、「容積一定論」（これは私が作った言葉ですが）には反対してきました。つまり、ここに容れ物があってその容積は大きくも小さくもならない、一定であるということです。製造工場などで、量のことをいえば質が悪くなり、質のことをいえば量が減る、とよくいいますが、このような考え方はみんな「容積一定論」的だと思います。そんなことではなくて、私は容積というものはゴム風船のようなもので、あれも入れられるし、それも、これも入れられると考えたいのです。

これをやったらあれをやめ、あれをやったらこれをやめる、というのではなく、いくらでも入れられると考えることが、人間の「能力は変えられる」という私の基本的な考え方です。

「これは高いんだぞ」

私は、幅のある知識こそ大切だと思っています。しかもその知識は、生きたものでなければなりません。生きた知識を得るためには、実践しかないのです。

私は、昭和十一年から十八年まで東芝におりましたが、その間いつも現場に出ては機械や製品と取り組んでいました。もちろん、従業員の皆さんとも。

当時、工場では真空管の不良品が非常に沢山出ていました。調べてみると、ひとつの原因として運搬するときの取り扱いが悪いということがわかりました。

考えた私は、経理課へ出かけて行きました。「百円札を二十枚貸して下さい」当時の百円ですから、いまにすると何万円になるでしょうか。とにかく、大変な額です。経理課の人は、目を丸くしていいました。「それは必ず返してくれるのですか」「必ず返します。とにかく貸して下さい」「何に使うのですか」「これこれこういうことに使うのです」「そんなことをして、もしなくしたらどうしてくれるんですか」「なくしたらしょうがない。私が弁償します」

こうして、渋い顔をする経理の人から百円札を二十枚借り出すことができました。それを何に使ったかというと……。

真空管を女子従業員が運ぶのですが、その箱の中へ百円札を一枚差し込んだのです。そして、「君の運んどるのは、百円よりかもっともっと高いものなんやで」と一人一人にいいました。

そうしたら、みんな丁寧に運んで行くようになりました。不良品は、見違える程減りました。しかも、百円札は一枚も減りませんでした。人間は信頼すればそれに応えてくれるものです。

ぜんざいをおごってもらう

私は、女子従業員にこういいました。

「一日千個がノルマや。千個組立てを終わったら、もうその人は帰ってもええ」

そうしたら、人事課から文句がきました。「それは困る。給料というものは、全部拘束に対するペイで拘束した時間だけの給料を払っているのだから、何もしないでじっとしててもいいからとにかく社内にいてもらわなければ困る」というわけです。

私は頑張りました。そんなことは、本人にとってもまったく無意味な時間を過ごさせることになってしまいます。

「いや、私の部門だけはやります」と強引に実施しました。そうしたら、三時頃にさっさと帰って行く人もいます。また、七時頃までかかってやっている人もいます。人間には、そのように差があります。それを十把一からげに考えるということはまちがいだ、と私は思います。

その結果、職場のムードが大変良くなりました。「ああしろ、こうしろ」といういい方をしなくても、「これはこうした方がいいよ」で十分間に合います。みんな一生懸命取り組んでいます。

ある日こんなことがありました。私が門衛の所を通りかかると、女子従業員が二人門衛に「さよなら」をいっています。私は呼び止めました。

「おい、ちょっと待てや。君は、いつも遅いのに今日は早いなあ。どうしたんや」

「今日はこの人に助けてもらったので、早く終わったんです」

「ああ、そうか。そりゃええけど、そんならこの人にお給料をふり向けなあかんな」

と私がいったら、いつも早い方の女の子がこういいました。

「今日は、ぜんざいをおごってもらうからいいのよ」

さっぱりしたものです。

わたしはそのときに、人間というものはこういうものなのだな、こういう人間の心の動きというものを十分勉強しなければいけないな、とつくづく感じました。

これも、実践から得た知識のひとつです。

〝種《たね》〟を見つけ〝芽《め》〟をのばす

創造性開発は私のライフワークの一つです。この創造性な性格は私の生来のものか、と聞かれることがありますが、私は自分としてはそのように思ったことはありません。

大切なのは、人間誰でも創造的な〝種《たね》〟を持っている。その〝種〟を拾いあげ、育ててくれる人がいるか、いないかというところにあります。

私の場合は、十四歳も離れた兄が、私の〝種〟をのばしてくれたといえます。

私が十一歳のとき、白瀬中尉が南極探検から帰国しての報告会がありました。そのとき、自分で切符を買ってきて私を連れて行ってくれたのが、その兄でした。それによって私の南極への夢がふくらみ、ついに四十数年後、五十三歳のときに南極越冬が実現しました。

私の母はいまでいう過保護という程ではなかったかもしれませんが、私がどこかへ行こうとすると「一人でそんなところへ行ってはいけません」という方でした。それを「まあ、いいじゃないか、行かせてやれよ」と私の意のままにさせてくれたのは兄でした。

その他にも、この兄が私の〝種〟というか、小さな〝芽〟をのばしてくれた話しはいくつかあります。

“お弁当食べてないの？”

東京から飛んで来た飛行機というものを、生まれて初めて見に行ったときもそうでした。当時は、京都から鳴尾《なるを》というところまで、電車を乗り換え乗り換えして行かなければならなかったのですが、母は「番頭さんに連れて行ってもらいなさい」といったのに、兄は「いや一人で行かせなさい」と小学生の私を一人で行かせてくれました。

漸く飛行場に着いたときは、もう大勢の見物客で一杯です。小さかった私は大人たちの股の下をくぐりながら前に前に出ました。

ところが東京から飛んで来た飛行機が、何と目の前で墜落し、パイロットの方が亡くなった、という大事故が起きてしまいました。

一人旅（というのは大げさですが）ともいえる、自分としては一人で電車を乗り換え乗り換えして行っただけでも緊張していたうえに、前述のような大事故を見たので、すっかり興奮してしまい、また帰りの電車は超満員、とうとう一つ前の駅まで歩いて、それでも満員、漸く大人の人に助けられて窓から放り込んでもらい、やっとのことで京都の家に帰りつくことができました。

帰ったら母が、

「あんたよう帰って来られたなァ……オヤ、お弁当食べてないのん？」

といいます。出かけるとき握り飯の包みを腰につけて行ったのに、そのまま食べずに帰って来てしまったのです。

それ程、緊張して、興奮していたんですね。けれども、この小学生時代の冒険（？）旅行の体験は、その後の私のために、どんなに役に立ったかわかりません。

“芽”を育てるには

兄が写真道楽だったことが、私の進路に大きな影響を与えることになったといえます。

当時カラー写真というのは非常に珍しかったのですが、兄は撮影から現像、どころか現像薬の調合まで自分でやっていました。

私がその現像に興味を示すと、兄は現像薬の調合から現像まで、全部私にやらせてくれました。普通だったら、もしまちがえたら困るし、子供にできる範囲のことはやらせて、あとの大事な部分は自分でやる、というところでしょう。それを兄は、全部私にやらせてくれたのです。何ごとでも人にまかせてやらせてみる、ということは非常に大切なことです。

このことが、私をその後、化学の道に進ませるきっかけとなりました。私は子供の頃から、科学、技術に興味を持っていました。これは生来のもの、といえるかもしれませんが、その私の〝種〟を見ぬき、〝芽〟を育ててくれたのは、この兄だったのです。

こうして私は科学に興味を持ち、技術者への道を進みましたが、人、一人一人の生来の〝種〟にはいろいろなものがあるでしょう。物理、化学が好きな人、音楽、絵画、文学が好きな人、その〝種〟を見ぬき、〝芽〟を育てることこそ大切だと思います。

全部　精神の問題

私が十一歳のときに、南極へ行きたいという夢を持ってから、南極へ行ったら必ず思いもよらぬ困難に耐えなければならないだろう、そのためには日頃からいろいろな修業を積んでおいた方がいいだろう、といつも考えていました。

たとえば、南極ではことによると何も食べるものがなく、何日間か過ごさなければならないかもしれない、そのためには一ぺん絶食を経験してみておこうと思いました。その絶食の間に、体重がどのぐらい減るか、また体力がどれぐらい弱るか、を試したかったのです。

私が大学生の頃です。私の家は、吉田山という京都大学の裏の小さな山の頂上にあるのですが、大学へ行くときにリュックサックを持って行き、帰りにその中に大きな本を入れて帰ることにしました。第一日目は一冊、絶食をしているうえに山の頂上の家まで帰らなければいけない。お腹はペコペコです。翌日は、もう一冊増やします。次の日は、またもう一冊増やします。だんだん重くなるし、お腹は減っていますが、何ということはない、ちゃんと家に帰れます。不思議なものです。

私は、それまでにも友人とよく山登りをしたのですが、お腹が減ってくると、足が上がらなくなってきます。どうやっても足が上がらない。そこで、持って来た食物にかぶりつく。すると、食べたとたんにパッパッと足が上がるようになるのです。

そのとき、友人が「そんなこと理屈に合わんじゃないか。いま、おまえが食ったものは、消化され、吸収されて初めて足が上がるようになるんだろう。おまえみたいにガブッと食ったら、もう足がサッと上がる、そんなバカなことがあるものか」といいましたが、しかし事実なのです。これは全部、精神的な問題なのですね。

さて、話を戻して、私は一週間絶食を続けました。けれども、体はちっとも弱りません。体重が六百匁（二・二五キログラム）減っただけです。おもしろいことに、それからは、いくらお腹がすいてもちゃんと足が上がるようになりました。これで自信がつきました。

これも、私にとっては、何十年か後の南極行きにつながるわけです。

予防注射以上の注射

私は、第二次大戦中にひどい腸チフスにかかりました。

高い熱が出たのに、初めは風邪だと思って頭に氷嚢を当てたり胸に湿布をしたり大さわぎをしたのですが、こんなときにうんとごちそうを食べたら体力もつくかと、うなぎ丼を食べたりしていました。そのうちに、診てもらっていたお医者さんが、この徴候はどうしても腸チフスだといい出して、私はとうとう伝染病研究所の隔離病棟に入れられてしまいました。その頃は、高熱のためか意識がもうろうとして、入院させられたことも自分ではわからないくらいでした。

しかし、私は病気に打ち克って克って完全に治癒することができました。

私はいろいろ考えました。どこで何を食べてこうなったのかと。そうしたら、こんな情報が入って来ました。

私とまったく同じ日に発病して同じ症状でようやく命拾いをして退院した友人がいたの

です。

その友人と会って、

「おまえと同じ病気やったそうやが、どこで何を食ってこうなったのやろ」

「そうやなあ、いわれてみるとおまえと一緒に○○屋で飯を食ったな、そこで食べた赤貝のぬた、あれやでえ」

「そやそや、あれや」

ということになったのです。

ところが、そのときは他に二人の友人が一緒で、四人で同じものを食べたのに、その二人は平気でケロッとしています。そしてわかったことは、ケロッとしていた二人はいつも予防注射をしていたが、病気になった二人はさぼって全然していなかったということです。

「へえー、予防注射というもんは、よく効くもんやなあ」

「ほんとや、あんなもんと思うていたが、信頼できるんやなあ」

ということになりました。

しかし私は、その病気をプラスに取ります。「俺は、腸チフスが治ったんやから、予防注射以上の注射をしたわけや。これからは何でも食ってやろう」という気になりました。

事実、病気になったおかげでかえって前より丈夫になりましたからね。

かつて私は、いつも病気になった友人を見舞うときは、お見舞いではなく、お祝いを持って行くことにしていました。「よかったなあ、それが治ったらおまえもっと丈夫になるでえ」といって。

たとえば、スキーや山登りで足の骨を折った友人などには、心から祝福します。折れた骨は、そこを継ぐと前より丈夫になります。その上、体全体にも抵抗力がつきます。

だから、「おめでとう、おめでとう」というのです。

いつもガミガミいわれていたら

この頃よく「躾《しつけ》」ということがいわれます。

「躾」には、生活習慣的な躾と教訓的な躾とがあると思います。

私の場合、生活習慣的な「躾」、たとえば箸はこのように持たなければいけないとか、ご飯は残してはいけないとか、いろいろ細かいことがありますが。そういうことは教わるというより親や大人のしていることを真似しているうちに、いつのまにか身についていった気がします。

また、教訓的な「躾」については、いまの記憶としては、ほんのわずかですが非常に印象深く残っています。もし、しょっちゅう「あれをしろ、これをしてはいけない」とガミガミいわれたら、どれがどれだかわからなくなって、ひとつも印象に残らなかったかもしれません。それがほんのたまにしか聞かされないのですから、残るわけです。

私の母は、いつも諺《ことわざ》でいいました。「ならぬ勘忍、するが勘忍」といわれたのを思い出します。腹が立ってケンカをしようと思ったとき、これを思い出すと、ガマンをすることになります。

暗記は嫌い

私は、記憶力が非常に弱い、というより、記憶するのが嫌いなんだ、といった方が適切かもしれません。暗記をするのは、もっと嫌いです。いつでも前を向いているからでしょうか。

　ですから、学校時代の成績は決して良くありませんでした。試験というのは、全部暗記ですからね。嫌いなことはやりたくない、従って、良い点を取ろうなどということも考えたことはありませんでした。

　ともかく、私は机の前に座って勉強するのが嫌いで、中学に入るときはどうしても入学試験を受けなければならないので、初めて買ってもらった机に向かって勉強をしました。しかし、最低限にやっただけです。こんないいかげんなことをしていたのに、京都府立一中の入学試験を受けたら幸い合格しました。

　その当時でも、入学率は五人に一人くらいでしたから、決して楽ではなかったはずなのですが。それに比べると、いまの子どもたちは塾だとか何だとか勉強、勉強と暗記ばかりさせられて、本当の気の毒だと思いますね。

外科医になれるよ

次男が小学校へ上がる前のことでした。遊んでいて竹笹の刈り跡の上に転んで、背中に裂傷を負ってしまいました。

私は、ちょうど家にいましたので、次男を背負って近所の外科の病院へ大急ぎで連れて行きました。小さな病院でした。ケガは細長く何針か縫ったりしたのですが、次男は痛さをじっと我慢して少しも泣きませんでした。その様子を見て、外科のお医者さんがいいました。「君はなかなか強いなあ。大きくなったら外科の医者になれるよ」

その後、次男が小学校に上がることになって、面接のときに、先生から「大きくなったら何になりたいの」と聞かれて、「外科のお医者さん」と答えたということです。

私の親戚には、外科はおろか医者もいないのに何でそんなことをいったのか、と聞いたのですが、よくわからないけどそんな気がしただけ、という答えが返ってきました。

この次男が高校を出て大学へ入るとき、医学部へ行く、といい出しました。そして今は、ある病院の外科医長をしています。

私は、小さいときの外科医の言葉がこんなにまで影響するものか、と痛感しました。

子供には、ガミガミいうよりも偶然のきっかけに何かちょっとした暗示を与えることが大きな効果をもたらすものです。

新主義数学

私の恩師に、数学の森外三郎という先生がおられます。私は中学から高校まで都合八年間森先生の教えを受けました。

先生は若い頃フランスで数学の勉強をし、帰国されてから、当時誰もやっていなかった新主義数学を確立されました。その基本理念は、理論から入るよりも、むしろ現象を視覚的にとらえていくべきだ、というところにあります。数学はまずグラフを描くとか図を示すことから始めなければならない、と強調されました。たしかに、このようにすると理論を具体的に頭に叩き込むことができます。

この基本理念を中学、高校時代に身につけることができたことは、その後のサイエンスの道に進んだ私にとっては、いまでもどれ程役に立っているかわかりません。

自治と自由

森先生は、フランスで自由主義の思想を身につけてきておられたので、自由の尊さ、大切さを私たちにいろいろと教えて下さったのも、私に大きな影響を与えてくれています。

当時、東京の第一高等学校と京都の第三高等学校は、学問の上でもスポーツの上でも良きライバルでした。

一高は「自治」を標榜していたのに対し、三高は「自由」を掲げ、この「自治」と「自由」が私たちの論議の対象となっていました。

「自由」の雰囲気の中で私の三高時代の生活は、実に楽しいものでした。勉強はもとより、山登りとかその他自分のやりたいことを気ままにやらせてもらい、思う存分に暴れ回ったものでした。

京都の西の端の花園という所に、私の家の小屋があったのですが、私はそこに住むことにしました。家から離れて、友人たちと勉強したり遊んだりすることが楽しかったからです。

とくに、勉強の前になると「集団試験勉強」をやりました。近所の畑から大根やネギを引き抜いてきて、ストーブでよせ鍋を作り、その回りで議論をしたりガヤガヤと勉強したものです。

覚えているのは、そのときの勉強のスタイルで、一人一人が自分の得意な学科を不得意な者に教える、というやり方でした。つまり「異質の協力」です。

私は、物理と化学を引き受け、語学が苦手だったので、得意な友人から教わりました。「ここが出そうだぞ」とヤマをかけてくれると、「そうか、そうか」とそこの所だけ勉強して、あとは遊んでいました。

専門のないのが専門

私は、自分の半生を振り返ってみるといつも「新しいこと」をやりたかったし、やってきたことは事実です。

まったく、いままでいろんなことをやってきました。山へ登ったり、生物実験をしたり、化学をやったり、真空管を作ったり、品質管理をやったり、南極で越冬したかと思えば、原子力のこともやる。ですから、あなたの専門が何であるかと聞かれても、自分ではっきりわからないぐらいです。それで「専門のないのが私の専門です」といっています。

私は、科学者とか学者とかいわれるよりも、技術者といわれる方が自分にふさわしいと思っています。技術者というのは、学者の持っている知識を取り入れて、それを自分の目的に結びつけて役立たせるのが仕事です。学者は、狭いことをキリで穴をあけるように掘り下げて行くことで足ります。ところが、技術者というのは、学者よりもはるかに知識の幅が広くなければいけません。つまり、私は片っぱしから何でもやって経験の幅、知識の幅を広げるのに努力してきたわけです。

「専門のないのが私の専門である」といいたいのは以上のことからです。

愉しみながらやれ

私はこの齢になるまで十年毎に仕事を変えてきています。自分の努力目標として、十年の間にその道の一流になろうと志して、それを実行してきたわけです。人間、一般に本当に働ける時期になるのには、学校を卒業してから、三、四十年かかります。それを十年でやるためには、三分の一か四分の一、逆にいえば、三倍か四倍の充実したことをすればいいのです。そのためにはできるだけムダな時間を減らして上手に活用する。たとえば〝ながら族〟という言葉がありますね。便所で本を読む、ラジオを聞きながら勉強をする。あまりよいこととといわれていないようですが、私はこれも時間短縮の一つの方法だと思っています。

もう一つは能率主義です。私は以前〝能率とは目的を果たしながら、最も要領よく手を抜くことである〟といったことがありますが、何ごとも要領よくやる。たとえば、顔を洗う、歯を磨く、これらを要領よくやれば半分の時間ですむ。風呂の入り方でもそうです。どうしたら一番速く洗って出られるかを工夫する。

こんなことをいうと、そんなにセカセカしていては人生をゆっくり味わうときがないいんじゃないかといわれるのですが。

大切なのは、それをどんなことでも自分で愉しみながらやればいいのです。愉しみながらやれば心の余裕もできてきます。睡眠にしても八時間眠らなければならないといわれていますが、睡眠の本当の効果は時間より質なのです。本当に熟睡すれば、時間は少なくてもよい。昼間眠くなったとき、五分間でも一分間でも眠ると、あとスッキリしたという経験はありませんか。眠くなってそのままだらだら仕事を続けるより、五分でも一分でも眠るとその眠りは深く、あとの仕事は能率的に行なえるものです。

山登りと自然

今西錦司君とは、中学時代からずーっと、よく一緒に山に登っていました。当時は、現在のように便利な登山用具はなかったので、全部自分たちで工夫して作らなければなりませんでした。私は、新しい用具を作ることに非常に興味を持っていたので、スキー、リュックサックはもとより、登山靴までも自分で作って、はいていました。こんな経験があらゆることに対して、億劫がらずにやるという性格を、私に植えつけてくれたように思います。

さて、今西君は、生物学に進み、私は、技術の道を志していたので、この点では二人の将来への方針はまったくちがっていました。高校時代は、彼と一緒に生物学の実習をやったり、一緒に山へ登ったりしていたのですが、この生物学をやったことは、私にとって、大変プラスになりました。しかし、いざ大学へ進もうというときに、私は、はたと困ってしまいました。

そのことについて今西君と、大激論をしたことがあります。彼は、趣味と仕事は一致すべきだと主張して、生物生態学を選びました。これなら山に登りながら研究ができる、というわけです。

ところが、私のように技術の道に邁進すれば、山登りからは遠く離れてしまわなければなりません。私が彼に反論したのは、次のような論旨です。

「日頃大自然からかけ離れた生活をしていればいるほど、山へ行ったときの喜びも大きい。だから、まったくちがう分野のことをやりながら、たまに気分を変えに山へ行くという生活の方が新鮮なのだ」

さて、私が京都の大学理学部の化学へ進んで最も強く感じたのは、実験で真理を探究するということが「自然」そのものを探究することにつながっているのだ、という実感でした。

いま、私が試験管を持ち、メーターをのぞいて真理を探究していること自体が「自然」なのだ、山と実験室との違いはあるが、自然現象の探究であることに変わりはないのだ、と私は気がつきました。

たとえ山に登ることができなくても、いま自分がやっている実験が山登りと同様に、自分の探究心を満足させてくれる趣味なのだ、と納得することができたのです。

不思議なことばかり

私は、若いときから山登りなどをやり、長年自然に親しんできましたが、私が持っている自然観というのは、公害とか自然破壊の問題からいろいろいわれているのとはかなり趣きがちがいます。私にとっての自然というのは、山や川や森や海といったものだけではなく、もっと広い、一言でいえば、宇宙全体ということになります。

しかしこの自然の掟には、どんな偉い人でもそむくことはできない。すべて自然の法則の示す所においてのみ、実行が可能であるという考え方です。

大分以前の話になりますが、私たちが第一次南極越冬に出発するとき、隊員の中には「南極の自然を征服して参ります」などとえらく威勢のいいことをいう者もいました。ところが南極へ行って、ひと嵐来ると、見るも気の毒な程うろたえて身の置き所を知らず、といった有様です。このひとつだけを取り上げても、そういう構えた姿勢で自然に接することがいかにまちがっているかがわかります。

そのうちに、その人も段々自然の威力がわかってきて、「自然をあなどるな」という態度に変わってきました。それでも私には、まだ対立的な構えがなくなっていないように感じられました。

西欧では、物事を対立的に見て、対立こそは進歩を生み出すものだ、とする弁証法的な考え方が強いのですが、少なくとも自然に対する場合には、そういう姿勢は通用しません。

ところがその人は、次にどう変わったか。段々対立的意識が後退して「自然を知ろう」という努力を始めました。たとえば、その辺に転がっている石コロ一つを見ても、「これはどういう石か」と地質の専門家に聞くようになる。そのような目で周囲を見ると、どんな小さなことでも不思議で仕方がなくなります。私たちにとって、南極は初めてですから、森羅万象、目に触れるもの、手に触れるもの、みんな不思議なことばかりです。それを一々知ろうという気持になったわけです。

これこそは、人間の最も自然な姿で、いわば本能といってもいいものであり、これあるがゆえにサイエンスは発達したのだと私は考えます。

並び方

「並び方」たとえばアイウエオにしてもＡＢＣにしても、それ自身では何の意味も持たないのですが、その並び方ひとつで意味を持つようにもなります。

ＤとＧとＯの三文字を取り上げて並べてみると、ＤＧＯ　ＤＯＧ　ＯＧＤ　ＯＤＧ　ＧＤＯ　ＧＯＤの六とおりになります。その中で、ＤＯＧとＧＯＤと並んだときだけが意味を持っています。しかも、並び方の順が違うと意味もまったく変わってしまいます。

自然界でもこのようなことがあるのに気がつきます。自然界には、炭素とか水素とか酸素などが無限にあって、それらがある一定の法則に従って並んだときに生命をつくります。その並び方が段々くずれてランダムに近づいていったときに、生命は失われます。私はかねがねこのように考えてきました。

この考えをもとにしてさらに考えを拡げていくと、宇宙全体がこの並び方で支配されていることに気がつきます。化学は、原子の「並び方」の学問ともいえますし、通信もコンピューターも0と1の「並び方」を応用した一つの方法だともいえるでしょう。

遺伝子のDNAの「並び方」など、まさに自然界の驚異という気がします。この並び方の相違で、世界中の何億という人間に一人として同じ顔がなく、指紋も異なっているのです。

また人と人との出会いの並び方が、人類の歴史をつくってきたともいえるでしょう。

このように考えたとき、私は「並び方」の神秘さに畏敬の念さえ覚えるのです。

アインシュタイン

私が第三高等学校に在学していた頃、相対性原理で有名なアインシュタイン博士が来日されました。博士が京都、奈良を回られたとき、私はお供をするチャンスを得ました。

あまり長い期間ではありませんでしたが、京都、奈良とアインシュタイン博士とご一緒に歩きながら私は、博士の豊かな人間性に強く惹かれました。

理詰めで物を考えながら、鋭い観察眼を持ち、好奇心、探究心に燃えているのです。博士との出会いは、学問上の接触ではなかったのですが、私にとっては、心の革命を起こさせられたともいえる有意義な出会いであったといまも思っています。

アインシュタイン博士と同じようにサイエンスの道を志した私にとって、非常に励まされ、希望を与えられました。

探検熱と国力

その昔、イギリスは非常に探検熱が高かった時代がありました。アルプス、ヒマラヤなどあらゆる所にイギリス人が出かけて行きました。その時代は、イギリスの国力がぐんぐん伸びていました。

イギリスに代わって、探検熱が高くなったのは、ドイツです。こうしてみると、まさに国力と探検熱とは相関関係があることがわかります。

そして現在では、何といっても日本が世界で一番探検のさかんな国になりました。人によっては、馬鹿なことをするものだと水を差す向きもありますが、青年があふれるような情熱を探検にかけるというのは、私はとてもいいと思います。

探検の醍醐味は未知の世界が開けていくことにあるのです。子供の頃、この向こうに何があるだろうかと好奇心を湧かした経験は誰にでもあるのではないでしょうか。これは一種の探検心です。

科学でも同じことで、これが人間の本性だと思います。

「山へなぜ登るのか」と聞かれたら、私は「そこに山があるから」とは答えません。「人間だから……」といいたいのです。

あきらめは大敵

人間の欲望というものは、無限であると私は思います。

その欲望のために悩んだり落ち込んだり、また逆に喜んだり浮かれたりしてして生きているともいえるでしょう。しかし、その欲望は一体何であるかということになると自分でもなかなかわからないし、つかめないものといえます。

自分はいま、一体どんな欲望が満たされないから不満なのか、不愉快なのか、わからない。何だか知らないけれど、欲求不満であるということが多いようです。また、その欲望を満たすことができないということを感じて、無意識のうちにあきらめてしまっているということも多いようです。特に東洋的儒教的思想には、このあきらめの精神が強いようです。

このようなどうしても満たされない欲望からくる悩みを回避しようとするのには、「あきらめ」は都合のよいものでしょうが、それでは困ります。「あきらめ」は、発明技術の発達ということに関しては、「大敵」なのです。「あきらめは大敵」、あくことのない欲望こそが、発明の基本精神です。

仕事の鬼

プロ精神で仕事をしろとか、プロフェッショナルでなければいけないなどとさかんにいわれていますが、これは外来の考え方で、私はあまり気に入りません。

しかし、世の中に怠け者がいる以上、プロであるということはその人が十分研究、努力した修業の賜物ですから、そういう意味においては、決して不賛成ではありません。

ところが、このプロという言葉のバックには、必ず生活というものがあって、その生活を攻めつけることによってプロ精神がさかんになるわけです。そうすると、プロ精神をもっと高揚させようと思えば、できるだけ生活の苦労はさせておいた方が都合がいい、というような背景がひそかにあるようで、そこが私は気に入らないのです。

たとえば、馬に仕事をさせるときに、腹を減らさせておいて、馬の好きなにんじんを鼻の先にちらりちらりとぶらつかせて仕事をさせるような意味があると思うのです。以前から私はエサで人間の仕事を釣るようなことはけしからんと考えていました。

そのような仕事への待遇よりも、人をしてその仕事に対して、いかにして「仕事の鬼」にさせるかが大切です。

「仕事の鬼」になるということは、沢山の書物を読んだり、三日でも四日でも徹夜して研究したり、そういう作業を誰にいわれるのでもなく、自分でやっていく、ということです。そうした心の状態というものは、生活もへったくれもなく、妻子がどっちを向いていようと知ったものではない、というぐらいなものだと思います。それがいけないとかいいとかは、私にはわかりません。

つまり、「仕事の鬼」になるということはプロなどという程度の生やさしいことではなくて、心の奥底から湧き出てくるやむにやまれないものが自分を鬼にしてしまうようなことです。こうなれば、にんじんを鼻先にぶら下げられたような欲求不満などは、消し飛んでしまいます。

逆にいうと、人間というものは「鬼」になることによって人間的欲求不満をなくしたがっているのではないでしょうか。

世界一の雪上車、世界一の技術者

村山君が、いよいよ南極へ出発するという前に送別会をやりました。

そのとき私は彼にいいました。

「君がこれからやろうとしている雪上車による南極点往復旅行というものは、非常に意義の深いものだ。世界中の学者が、その結果を首を長くして待っている。だから君は必ず成功してくれたまえ。ところで成功するかどうかは、雪上車という機械に乗って行くのだから、その機械の良し悪しや、扱い方の上手か下手かにかかっている。だから君には、世界一の雪上車を持たせてあげる」

この雪上車は世界一である、これ以上のものはないぞ、ということは逆にいうと、迷うな、ということです。もしちょっとした事故が起きたとき、「やっぱり外国製の立派な機械を持ってきたらよかったのになあ」などと考えたら心にスキができます。

私は、さらに次のようにつけ加えました。

「世界一の雪上車だ、しかし必ず故障は起きるぞ」

いくらいい機械でも必ず故障が起きると思っていることは大切です。そのように覚悟していれば、本当に故障が起こったとしても心は平静です。心が平静ならば、必ず適切な対応ができます。この機械は絶対に故障は起こらない、と勝手に決めていると、思いもよらない事故が起きたとき、それこそあわてふためいてうろうろするばかり。かえって、大事故に発展してしまいかねません。

そして私は、なおつけ加えました。

「君は機械のことは何も知らないから、日本一、いや世界一の技術者を一緒に行かせる。

その男に、故障を直せ、と命じたらいい。その男が直したらそれでもいいけれど、もし直せなかったら、そのときが大事だ。『直りません』といったら、『なに、直らん、ともかく直せ』といわなければいけない。『そんな無茶をいっても直せません。世界中の技術者に聞いてみて下さい』。隊長たるもの、いくらだめといっても、『直せ』『ともかく直せ』を押し通せ。すると、その技術者は、『無茶なことをいうなア、機械のことを何も知らないくせに、素人はこれだから困る』と内心は思っているけれども、またしても、直せ直せといわれるものだから、だんだんカッカしてきて、『いっそのことはずしてしまってやろうか』とか、『こわしてみてやろうか』とか、今までの常識を超えた何ものかを考えるようになる」こう話しました。

つまり、切迫感です。そこまで追いつめられた気持になると、技術者は、常識を超えたいろんなことをやって問題を克服することができるものです。

これは、私の経験から生み出された確信です。

雪上車の頭をなでてやれ

そうして出発した村山君は、大した事故もなく昭和基地に戻りつきました。私はさっそく、祝電を打ちました。その電文の最後は、「村山君よ、雪上車の頭をそっとなぜてやってくれ」という言葉です。

雪上車の頭とは一体どこにあるのか、と村山君は迷ったかもしれませんか、私の気持を表現する言葉は、これしかなかったのです。雪上車で百五十日、雪野原をガリガリガリ進むうちに、機械と人間、雪上車とみんなの気持はピッタリと一つになっているはずです。もはや決して、単なる機械ではない生きもののように心が通《かよ》ってくる。だから、油一つ差すにしても、ネジ一つ締めるにしても、魂がこもります。雪上車が小さな声で何かささやいている。耳をすますと、「もうすぐ事故が起こります。もうすぐ事故が起こります」そこで大事にならない先に、ネジがゆるんでいたらそれを締める。そういうことがずーっと行なわれてきたからこそ、無事に帰ってこられたのです。雪上車よ、ご苦労さん、と頭の一つもなぜてやったらいいんじゃないか、そういう気持なのです。ものごとをするときに、いつも私のその気持が大事だと思います。もちろん、人間と人間の関係も大切です。しかし、機械のような無生物にさえ魂が通うことこそ大事だと思うのです。

より、健康に

「健康」「健康」とよくいいますが、「健康」という言葉は病気ではないとか、どこも悪いところがないという状態を現わすかものかもしれませんが、私はそのような消極的な定義では満足できません。

「健康」というからには、病気にならない体質を作ること、あるいは病気になりにくい体のこと、要するに積極的な意味での定義にしてほしい、いや、したいと私は常々思っています。

たとえば、少々のことでは風邪をひかない、少々のことでは腹をこわさない、少々のことでは疲れない、少々のけがはすぐに治る、というような体。私は、ここで「少々」といいましたけれども、それは程度問題ですから「少々」という言葉を使ったので、本当は「少々」を「より」という言葉にした方がぴったりかもしれません。

つまり、「より健康になる」ということは、「より」大きな寒さがやって来てもそれに耐えられるとか、あるいは「より」多くのものを食べてもびくともしない体質ができているということです。結局、病気になっても早く治る、バイ菌が入って来ても少々のことではへこたれない、そういう意味で「健康」という言葉を使ってほしいと思います。

そういう意味での「健康」というものを、どのような尺度で計ったらいいか、その尺度を捜すことがこれからの研究問題になると思います。

健康の尺度

「健康」の尺度をどうして捜すか。それは精神の問題、肉体の問題、この二つがどこでどうミックスされているか、また臓器、呼吸、循環、消化、吸収、排泄にどう現われるか、等々いろいろな角度から考えられることなので、非常に難しいと思います。しかし、だからこそ、研究の価値は大いにあるといえるでしょう。

心臓の鼓動の打ち方が正確であるとか、どこかの神経が敏感であるとか、刺激に対する反応が的確で早いとか、その他に何かホルモンのようなものがあってそのホルモンが出やすい体質であるとか、そういうことも尺度の目安として考えられるのではないでしょうか。たとえば、ヒマラヤの酸素の薄い高所では、赤血球が増大します。その増加の速さというものをもってアクリマティゼーションといいますか、その反応の速さを測定することができます。

これは、ホメオスターティスという狭い意味のものであるかもしれません。しかし私は、ホメオスターティスというものをもっと広い意味で考えたいのです。たとえば、あらゆる病原に対する、またあらゆる環境に対する一つの抵抗力、あるいは適応力として考えるとか、または病気になってもすぐ治る、ケガをしてもすぐ治る、このような回復能力という言葉にまでも発展して考えたい。あらゆるものにいろいろと異なった現象がありますが、その異なったものを総合したものが、抵抗力とか適応力とかいえる形になるのかもしれない。

このように考えると、実にいろいろな問題がからみ合っているので、複雑怪奇に見えますが、段々研究していくと何か単純なホルモン機能というようなものに帰着してしまうかもしれないし、またそれは精神的な問題とからみ合っているかもしれません。

この問題は、非常に重要ですが、研究方法としては大変難しいと思います。理論を組み立てるためのもとがいままでのところ、あまりにも少ないといえます。けれども、たとえば統計的な計り方で調べていくとすれば、理論は後回しにしてもデータは出てくるのではないでしょうか。これを、一つの「健康」の尺度として考えてみたいと思います。

このようにして「健康」の尺度が決まったとして、その決まったものに対してどんなことがどういう影響をもたらすか、ということを調べれば、理論はわからなくても現象はわかるでしょう。それを「なぜ」というようにとらえないで、「どのように」、「どうしたら」というように考えれば、つかみやすくなるのではないでしょうか。

二つのトレーニング

さて、抵抗力とか適応力を強くするためにはいろいろな方法があると思います。たとえば、毎日ジョギングをする。それも一つの方法ですが、その他に、時々ケチョンケチョンになるまで無茶苦茶にやってみる。そういうトレーニングの方法も必要かと思われます。そうすることによって自己の能力の限界を高めることができると思うのです。そして一度高められた能力は、一定期間持続するはずです。

海水浴に行って皮膚を焼く。それも二、三枚皮がむけて、ヒリヒリ痛んでいたたまれないくらいに焼く。日焼け止めクリームを塗るのは、せっかくの「健康」のチャンスを失うことになるかもしれません。その他、断食をして腹の皮が背中にくっつくくらいに腹をすかしてみることも一つの方法でしょう。登山などでクタクタにへばってしまうのもこのようなトレーニングに入ると思います。

前に書いたように、適応能力を尺度で表わすことができるとしたら、体を限界まで持って行った場合に数値はどのように変化するか、またどのような回復の数値を示すか、非常に興味のあるところです。

しかし、このような実験は危険を伴うこともあるので、絶えず医者がデータをとりながらやらなければならないことにもなりましょう。

一年に一度くらいの限界までやるトレーニングと、日常的なトレーニングとを上手に組み合わせて行なえば、必ず思いもよらない「健康」な人間を作ることになるだろうと私は信じています。

『五分の虫にも一寸の魂』（初版・一九八二年）はじめに

新しい考え方が普及するのには、永い年月を必要とすることをつくづく感じている。今からちょうど十二年前に、「石橋を叩けば渡れない」が日本生産性本部から出版された。この本は巖谷平三氏（日本ユマニテ協会会長）が、それまでの私の講演録の中から、心に残るものを丹念に集めて、編集してくださったものである。巧みな編集のお陰で、今だに読者の方から、感激したという励ましの手紙をいただくことがある。

十年を経た今、またここに、「石橋」の続編とも言える「五分の虫にも一寸の魂」が出版されることになった。再び巖谷氏が編集の労をとられ、前に書きもらしたものや、その後の講演の中から新しいものを集めて、一冊の本にまとめてくださった。「五分の虫にも一寸の魂」というこの表題に、読者の方はいささか反感を持たれるかもしれない。私の本は、「石橋を叩けば渡れない」、「出る杭をのばす」、「五分の虫にも一寸の魂」というふうに、やや逆説的な表題をつける傾向があるが、これは私の生き方が、従来よしとされているスタイルから少しばかりはずれているために、そしてそれを強調したいがためになせる業でもある。

元来、人の思想というものは、その人その人の長い経験の中から生まれるべきものであって、人さまざまの基盤の上に、それぞれが異なった個性を築き上げている。私の思想は、幼少の頃の環境や体験、学生時代の恩師や友人との交流、研究生活、技術者となってからの現場の人達との接触、そして隊長としての南極越冬生活やヒマラヤ登山、そうした数々の体験からつくられてきた。

人はみなそれぞれに夢を持ち、それに向かって営々と努力を重ねて生きている。私もできるだけ大きな、そしてなかなか到達できないようなロマンを追い求めて生きてきた。そのささやかな体験をここに披露できることを、この上なく幸せに思う。しかし私の体験は、他の人にどれだけ参考になるだろうか。私にはわからない。

私は自分を不完全な人間だと思っている。誰もかれもみな不完全につくられているが、しかし必ずどこかに、よい特質を持っているものである。そのよい特質をお互いに尊重しあって、異質の協力で、よりよい社会をつくっていこうという気運を盛り上げていって欲しいものだと思う。

この本が、それにいささかでも役に立つならば、私にとってこんなに嬉しいことはない。

また、出版に協力してくださった方々に対する謝恩にもなろうかと思う。

昭和五十九年三月

西堀栄三郎

西堀先生と『石橋を叩けば渡れない』（『石橋を叩けば渡れない［新版］』・一九九九年）

東海大学教授　唐津　一

『石橋を叩けば渡れない』『五分の虫にも一寸の魂』、このいずれの本の表題を見ても、これは相当へそ曲がりな人だという気がするかもしれない。ところが読んでいくうちに、むしろ西堀先生の意見のほうが正統派で、世間の常識のほうが捩《ねじ》れているという気がしてくる不思議な本である。

我々の日常は仕事の中でも、社会生活の中でも、ある一定の枠の中にあって行動していて、それで問題もないし、普段気にも留めない。しかし世の中は変化していく、特に最近の変化はスピードが早くなった。変化というのはこれまでの常識だけでは、こなし切れないということである。この本はまさに常識を破り、そこに新しい発見と創造を続けた西堀先生の足取りそのものを書きしるしたものである。これまでの通説や概念を破ることだけなら、できないこともない。だがしかしそれが次の新しい世界への扉を開くということになると常識ではなかなか及ばないことである。本書の中には、それが次々と並んで出てくるのだから、一度読み始めるととまらなくなる面白さがある。しかしこのような新しい世界を開拓していくと言っても、手当たり次第ではない。そこに基本的な考え方があることに気がつく筈だ。それは常に「事実に語らせる」という態度である。つまりそこでどのようなことが起きているかという現実を読み取ることから、次のステップのアイデアが生まれてくるということである。

これはこれまでにあった通説だとか、権威者の意見といったものはすべて一応隣に置いておいて、全くの白紙から物事を見ると、そこに必ず新しい発見があり、これに対応するためのアイデアも生まれてくるという、その過程に注目してほしいのである。

だがしかし、それが成功するためには勿論その背景として膨大な学識と経験がなくては不可能である。しかしこのような知識の集積の源は猛烈な好奇心である。何を見てもビックリし、そして探求していく。これがなくては折角出会った現象から新しい知識を獲得することは不可能である。西堀先生は、このように見ていくと、まさに知的好奇心のかたまりであった。これは一緒に旅行してみるとすぐわかる。

君あれ何や？　の一言で、好奇心のエンヂンがかかる。時にはわざわざ回り道をしても、その好奇心を確かめるということが珍しくなかった。それが時として夜中の電話となる。

しかもその次に貴重だったのは、次の行動にそれが次々と生かされていることだ。

南極観測船宗谷がようやく準備が整って、東京晴海の岸壁に横付けされた。すると西堀先生はすぐ行って、一晩ベッドに横になった。すると翌朝電話がかかってきた。昨晩寝てみたけれど、このベッドは固くて寝られへん。すぐB社に行ってマットレスを頼んでこい。もしB社がダメやったら、Y社へ行ってこい。このようにしたおかげで、宗谷の隊員は最上のマットレスの上でゆったり寝て南極へ旅立つことができたのである。船が入ったらすぐ自分で寝てみる。そこで問題が見つかったら、直ちに対策を立てて実行する。これが西堀流であって、是非学んでもらいたいものだ。

これには人生哲学が何とか難しい理屈をつければ、いくらでも説明できるだろう。しかしそのような説明は全く無用であって、頭をひねって考えるよりも前に、自分の身体で確かめるだけの話であって、自然な行動なのである。

これは西堀先生から見れば、当たり前のことだが、周囲の人々が見ると、ビックリ仰天の連続である。だがしかし、このコツが飲み込めると、西堀先生と一緒に仕事をするのが、楽しくてしかたがない。

先生が亡くなられて一〇年になるが、先生の直弟子として、第一線で活躍して見事な業績をあげている人は実に多い。そして皆が言う。現場、現場主義、これこそ西堀流です。

このようなやり方について先生は京都岳派と名を付けた。学ではなく岳派である。つまり山登りの仲間だ。今西錦司、桑原武夫氏等、学問分野は全く異なるが当代超一流の碩学ばかりがずらと名をつらねていて実に壮観だった。私もその集まりに偶然参加したことがあるが、まさに談論風発、その広がりも奥深さも留まるところを知らず、全く新しい世界が拓ける思いだった。特に京都という土地柄から料亭でもどこでもこのような学者は実に大事にしてくれる。それで東京などではとても考えられないような低廉な費用で厚くもてなしてもらったことを今でも思い出す。

ところで西堀先生と言うと必ず出てくるのが日本最初の南極越冬隊と山登りの頂点であるヒマラヤの話だが、第二次大戦が終わったとき、まず目指したのがヒマラヤである。世の中が平和になった途端イギリスからエベレスト登頂計画の話が伝わってきた。西堀さんは居ても立ってもおられない。ところが当時は占領下にあるので、日本人は海外に出られなかった。ところがインドで大きな国際会議が開催されることになり、日本から代表者を招待するというニュースが伝わった。日本代表になれば日本から出られる。しかもヒマラヤがあるネパールはインドの隣だ。

そこで早速文部省に飛んで行って、わしを日本代表に指名しろ、と話を持ちかけた。ところがすでに生命科学の木原均さんほか代表が決まっているから駄目だというそっけない返事である。しかし粘ってインドから来た招待状の手紙を見せてくれといって読んでみたらそこには「二名または三名」と書いてある。そこでこれで目一杯ですからそれ以上駄目ですというのが文部省の返事である。そこでさらに頑張った。これは「二アンド三パーソン」と読み間違えたということにしてとにかく日本代表にしろと頑張った。文部省の担当者も根負けして、それでは日本代表ということでインド大使館にかけ合いましょう、しかし予算は一文もありませんよ、ということで妥協した。

これで日本から出られる。しかし金はない。そこで今度は新聞社を回った。おれは日本代表になった。しかし金がない。そこであなたの会社の特派員ということにしてくれないか。そのころ、日本の新聞社からは一人も海外に特派員を出せなかった時代である。これに毎日新聞が乗ってきた。しかし当時は日本人にはドルが渡せない時代だった。そこで毎日新聞が提携しているAP通信社と話をつけて、カルカッタに着いたらAPの特派員が待っていてドルを渡すということになった。

さてドルの手当はできたが航空券を買わなくてはならない。それにはもちろんドルがいる。そこで各航空会社を回った。俺は日本代表で今度インドに行く。ところがドルがない。カルカッタに着いたらAP特派員が来ていてドルを貰うことになっているから航空券を発行してくれ。これに応じたのが英国航空だった。その説得力は凄い。そこで香港まで飛んだら機材の不調で一泊するという。こちらは泊まるところもない。そこで町をぶらぶらしていたら日本人そっくりの男がいた。そこで声をかけたらやはり日本人で、その人のおかげで野宿をしないで済んだ。

やっとカルカッタに着いたら何と肝心のAP特派員が来ていない。さすがの西堀さんも慌てたが、あちらこちら連絡したら風邪で寝込んでいることがわかって無事インドに入った。

国際会議ではネール首相とすっかり仲良くなり、独立間もないインドの製造業のために品質管理の話をした。すると大好評でセミナーの申し込みが殺到した。しかしこちらはネパールが目的だから時間を取られては困る。そこで単行本を出版することになり口述筆記で一冊まとめた。

ところが困ったことが起きた。それはネパール国内で革命派が反乱を起こしたというのである。困ったなと思っていたら運よく王政派が勝って鎮圧したというニュースが飛び込んできた。ところがインド国内にあるネパール大使館に行って入国のことを言っても全く埒が明かない。そこでネパールの国王と、鎮圧に成功した総理大臣とに手紙を書いた。

「私は西堀という者だが、日本の戦後の復興のために品質管理を導入して大成功した。あなたの国もこれから経済を良くしなくてはならないが私の経験が必ず役に立つと思う。インドでもネールさんが大事にしてくれて本も出版することになった。そこで私を顧問として招待しないか」。するととうとう二週間目にネパール大使から、本国からの指令ということで丁重な招待状が来た。

「二週間国賓として来て下さい」

西堀さんにはすっかり国王が惚れ込み、帰りには何と皇太子を日本に留学させようということになった。現在の国王は日本に留学した人である。

この話を追っていくとまさに波乱万丈、まるで冒険小説のような気がするかもしれないが、これはすべて現実にあったことであって、作り話では絶対にないのだ。

これで気がついたと思うが、ナポレオンではないが、西堀さんにとって不可能という字はないような気がするかもしれない。しかし、それには常に緻密な計算があり、どんな困難があっても「それは君、簡単や」の一言で事を進めていく、このようなスーパーマンがついこの間まで現実にこの日本で活躍していたことは間違いないのである。

今、日本は不況のどん底と言われるが、現在の日本に求められるのがこのようなスーパーマンである。これを戦後の混乱期が生んだ英雄で今は違うという人は、それだけでこの困難に挑戦する資格はない。日本は不況と言われている中で、GDPは約五〇〇兆円である。これはイギリス、ドイツ、フランスのGDPを足した数字と大体同じレベルである。この数字は満員電車に揺られて職場に急ぐ人々の働きを合算することで実現した数字なのだから大変なものである。しかし日本の変化は急速である。その中で期待されるのは資金力でもなければ腕力でもない。やはり西堀さんのような新しい世界を拓くための発想と行動力とである。これが未来を切り開くための原動力だと強調しておきたい。

[著者紹介]

西堀栄三郎（にしぼり　えいざぶろう）

明治36年　京都市に生まれる
昭和３年　京都帝国大学理学部卒業
昭和11年　京都帝国大学理学部助教授・理学博士
昭和11年　東京電気（現東芝）に入社、真空管の研究に従事
昭和18年　技術院賞受賞
昭和29年　デミング賞受賞
昭和32年　第１次南極越冬隊長として南極で越冬
昭和33年　日本原子力研究所理事
昭和40年　日本原子力船開発事業団理事
昭和47年　日本生産性本部理事
昭和48年　勲三等旭日中綬賞受賞
昭和48年２月　ヤルン・カン遠征隊長
昭和53年　ゴルカ・ダク・シン・バフー勲二等受賞
昭和55年１月　チョモランマ登山総隊長
昭和57年　日本工業技術振興協会会長
平成元年　没
主要著書　『品質管理実施法』（日科技連）『南極越冬記』（岩波書店）『石橋を叩けば渡れない（初版）』『五分の虫にも一寸の魂』（日本生産性本部）『西堀流新製品開発』『品質管理心得帖』（日本規格協会）『創造力』（講談社）

石橋を叩けば渡れない［新装版］
一九九九年三月三〇日　初版第１刷©
二〇十七年十月十日　第14刷
二〇二三年三月十五日　第２版１刷©
著　者／西堀栄三郎
発行者／髙松克弘
発行所／生産性出版
（〒102-8643）東京都千代田区平河町二－十三－十二
日本生産性本部
電話（〇三）三五一一－四〇三四
印刷／美研プリンティング

ISBN 978-4-8201-2143-5 C 2034
Printed in Japan
https://www.jpc-net.jp
乱丁・落丁は生産出版までお送りください。
お取り替えいたします。